股权战略

架构、激励与财富

【修订本】

马方◎著

台海出版社

图书在版编目（CIP）数据

股权战略：架构、激励与财富 / 马方著. -- 修订本. -- 北京：台海出版社, 2020.7

ISBN 978-7-5168-2680-5

Ⅰ.①股… Ⅱ.①马… Ⅲ.①股权管理—研究 Ⅳ.①F271.2

中国版本图书馆CIP数据核字(2020)第140689号

股权战略：架构、激励与财富

著　　者：马　方

出 版 人：蔡　旭　　封面设计：邢海燕

责任编辑：姚红梅

出版发行：台海出版社

地　　址：北京市东城区景山东街20号　　邮政编码：100009

电　　话：010—64041652（发行，邮购）

传　　真：010—84045799（总编室）

网　　址：www.taimeng.org.cn/thcbs/default.htm

E-mail：thcbs@126.com

经　　销：全国各地新华书店

印　　刷：河北盛世彩捷印刷有限公司

本书如有破损、缺页、装订错误，请与本社联系调换

开　　本：710毫米×1000毫米　　1/16

字　　数：281千字　　印　　张：18.25

版　　次：2020年7月第1版　　印　　次：2020年7月第1次印刷

书　　号：ISBN 978-7-5168-2680-5

定　　价：48.00元

自序

夸出去的口总要自己圆

自从误打误撞做了院长，我就想做得更像一个院长，不想被别人认为自己是一个平庸的人。所以，我就要求自己要有独立的思考，要有点学识，要会讲课，要会写文章，文章还要能发表。就这样坚持了一段时间，我真的能讲课了，能给别人做顾问和独立董事了，而且居然敢接受《销售与市场》杂志社的邀请，开始写专栏文章了，每月一篇，一写就是将近四年。

我虽然是理工科出身，但是资质一般，文笔更是一般，也没有很好的学历。我出身农民，小时候就在贫困的农村艰难地活着。我原本就是一个不善言辞、性格内向的人，更因为这样的境遇，就把很多的情感和想法深埋在心底，深埋着的有自卑和自律，也有自强、自豪和自尊。也许正是这些经历和体悟，造就了我义无反顾、坚持不懈的个性。

知道自己平凡，知道平凡的人也有尊严，知道平凡的人更要努力去做事、去承受痛苦，所以我虽不是个可以妙笔生花的人，也还是试着去把自己的思想记录下来。这个过程真的非常痛苦。我曾经无数次想放弃，心想：不会写没关系，会说就行吧？可是作为院长，怎么可以只会说不会写呢？既然能说，怎么就不能写下来呢？就这样，我给自己施加压力，迫使自己去做不擅长的事情。

刚开始，我坚持给泰山管理学院的院刊《泰山视野》写卷首语，给泰山管理论坛写论坛致辞，给学生写毕业寄语，十年以后就开始写专栏文章了，有时候赶巧了，一个月要写五六篇文章。我要求自己写的每一篇文章都要有深意，都要能给人以启迪和思考，而专栏文章的要求更高，这就注定了我的写作是一种痛苦，也是一种磨炼。我知道，应该做的事情，再难也得去做！所以我常常把自己关在屋子里苦思冥想，就这样硬撑着坚持了下来，把我多年的思想沉淀和对管理、对人性的认识变成文字留了下来，也才有了今天的这本书。本书收录的就是最近几年我对股权、对公司治理的认识的精华部分。

或许这就是人生，对自己高估一些、自恋一些，坚持下去，就会发现更多的可能性。适当地高估一下自己，然后为了达到自己的估值去努力，也许就可以给自己带来一片新的天地。所以，想了、说了就要去做，只有做了才知道自己能量有多大。

成长和痛苦是成正比的，想要成长，就得承受痛苦，痛苦过后可能是喜悦，可能是悲伤，更可能是彻悟，而没有痛苦的人生是平淡无奇的，永远不会知道人生原来可以这么丰富多彩。

和大多数年轻人一样，我经历过工作的变动，经历过职场的种种顺与不顺，但是无论是顺境还是逆境，我都坚守着自己的信条：要么不做，做就做好。“做好”在我的概念里不仅仅是做事，还包括学习、思考、改进、创新、坚持，所以我会在工作中不断寻找解决问题的根本方法，因为我知道机会总是留给有准备的人。

或许因为出身，或许因为性格，也或许二者兼而有之，我从来都不善于和人打交道，不善于在复杂的人际关系中斡旋，也不会刻意去奉迎讨好什么，只是喜欢安静地做好自己想做的事情，所以我也是这样要求我的员工，只需要把工作做好，该有的都会有，不需要去讨好谁。而要达到这样的境界，就一定要有合适的制度来推动，这也许就是我研究、实践股权理论的最原始的动因。

也许正是因为这种崇尚公平、平等和不媚权的思想，让我在多年的管理研究、教学和实践中，更多地去关注了自组织的形式，推崇让每一个人都给自己干，让人际关系变得简单，让组织扁平化，去掉中心区，让人人都是领导，自己的命运自己做主，把理性融入工作中。我发现这种组织结构可以从根本上解决企业遇到的很多问题，而实现这种组织结构的切入点就是股权，股权与人性又是分不开的。

本书就是我对这种组织结构的研究与思考的提炼，包括调研企业给我的启发、课堂上的讲授内容以及我对股权的思考等，书中有理念上的思考、理论上的探讨、工具的应用，还有我辅导企业的经验以及优秀企业的案例。我想做的就是踏踏实实做好自己想做的事，把我对管理的理解、人性的认识分享给更多的人，让更多的人能够正确地思考问题，少走弯路，让别人满意，让自己坦然。

让每一个人都给自己干，让人人都是领导，其实就是每个老板都喜欢的合伙人制，这是目标。要实现这个目标需要一个过程，也需要很多手段，比如股权激励、股权众筹、股权认购、员工持股计划、阿米巴经营、自组织、内部创业、外部创业、家族传承、合伙人制等。所以，绝大多数企业，特别是中小企业，都会从本书中获得有价值的参考。本书也收录了我对基础管理、商业本质和人性的思考，所以也适合每一个职场人阅读。

我不能保证书中的观点都是真理，因为每个人的认识都会有局限，每个人都会在人生的不同阶段对同样的事物有不同的认知。书中所有的观点都是我在彼时彼刻的认识，也许在未来的某时某刻，某些观点就欠缺了圆融和达观。所以，用发展的眼光去学习一种思维方法，比学习一个固定的观点有价值得多。

真理其实是在我们不断探求的路上逐渐展现给我们的，是一个发展进步的过程，不是固定不变的，固定不变的是宇宙中最高的真理，就像金字塔的塔尖，我们穷其一生追求的就是要离那个塔尖越来越近，这才是我们恒定的追求。

希望我们能够一起去探求真理到达塔尖，也许这又是在夸口，但是坚持去做，谁又能说没有可能呢？

本书的完成，首先要感谢我的太太，因为本书的所有文字都是她帮助整理、修改和润色的，有些章节直接就是她根据我的录音整理的，她为此付出了大量的时间和精力，可以说没有她就没有这本书。还有我的两个孩子，在他们成长的过程中，我作为父亲是缺席的，幸运的是孩子们都健康快乐地成长起来。

还要感谢我的几位合伙人——泰山管理学院副院长陈田妮、王丽雅和院长助理李新香，因为有她们在过去的日子里承担了大量的工作，我才有了更多的时间去思考、讲课和写作。同时也要感谢学院的每一位员工，不管我在不在学院，他们都认真对待工作，各负其责，各尽其能，让学院发展得有声有色，并且有一批员工也晋升为新的合伙人。

还要感谢把自己的或者自己参与的、熟悉的企业进行股权设计的案例写出来分享给大家的我的三位学生：张靖、胡尊奎和吴超坤。

最后还要感谢这么多年来一直支持我的各界朋友们和各行各业的学生们，因为你们的支持促使我更加努力精进。

2017年9月22日

目录

第一部分　合伙人时代已经来临

第一章　从管理的角度看老板为什么这么累 ……002

企业的发展方向不对……002

企业的组织能力不够……003

企业的动力不足……005

有方向就不怕路远……006

第二章　现代企业责权利风险要对等 ……007

责权利的背后还有风险……007

传统企业责权利风险不对等……008

要承担风险，员工才会全力以赴……008

如何让员工承担风险……009

风险的大小决定了用心程度……010

第三章　用股权规避企业风险 ……012

一个人承担风险太沉重……012

用股权规避融资风险……013

用股权规避投资风险……013

用股权规避决策风险……014
用股权规避经营风险……015
用好股权可以一举多得……015

第四章　民企要学会善始善终……017
民企一样会生也会死……017
做好控制权设计……018
做好风险控制……018
做好风险分担……019
提高抗病能力……020
提前做好规划……020
善始善终是最好的结局……021

第二部分　用股权驱动战略落地

第五章　把股权提升到战略高度……024
股权结构如同汽车底盘……024
股权是企业栽下的梧桐树……025
股权在家族企业中的意义……027
老板必须转变的观念……028

第六章　用股权战略驱动企业发展……029
战略实施的保障……029
人的需求变化……030
人与组织的匹配本质是股权与组织的匹配……031
股权战略是对经营的本质的最好诠释……033

第七章　用股权解放老板……038

老板为什么在做员工该做的事……038
从下往上看，如何统一风险和利益……039
从组织内部往外看，与合伙人合作更优于一个人……041
从现在往未来看，股权是长效的……041
从左往右看，通过股权可以建立生态链……042
站在老板的高度看股权……042

第八章　用股权统一人心……043
没有一致的利益难有人心的统一……043
用股权统一个人利益和公司利益……044
用股权统一近期利益和长期利益……045
统一了利益就会统一人心……046

第三部分　分配好股权让老板有主动权

第九章　重新认识创始人的价值……048
控制权争夺中的投资方和创始人……048
创始人是公司非常宝贵的资产……049
创始人如何保护自己……049
投资人要让创始人安心……050
需要警醒的两部分人……051
合作需要理性和妥协……051

第十章　没有控制权就没有未来……053
老板要掌握主动权……053
先成立公司再找人合作……054
先成立公司再找投资人……054
利用股份期权回收控制权……055

非合伙人、投资人原则上不给股份……055
创业者掌握主动权可以利己利他……056

第十一章　做好股权设计，合理分配股权……057
股权分配决定权力分配……057
两人合伙，忌股权均分……057
多人合伙，核心股东要占大股……059
股权原则，保证核心股东控制权……059

第十二章　夫妻股东如何规避风险……064
夫妻股东的风险……064
控制权的约定……065
下一代婚姻风险的规避……066
好的规则让风险可控……067

第十三章　餐饮业股权设计的原则……068
合伙创业的股权设计……068
众筹模式下的股权设计……069
加盟的股权设计……070
股权设计要着眼于企业未来……071

第四部分　用股权众筹实现合伙人制

第十四章　认识内部众筹……074
内部众筹的特点……074
内部众筹的方式……075
内部众筹的好处……077

第十五章　用内部股权众筹建立合伙人团队 ……081
什么是合伙人与合伙人团队……081
用股权激励建立合伙人团队的特点……082
几种股权众筹模式的比较……082
用内部股权众筹建立合伙人团队的特点……083
内部股权众筹适合打造合伙人团队……084

第十六章　众筹以后的公司治理 ……085
众筹易懂难做……085
众筹的本质……086
众筹容易产生的问题……086
众筹的股权设计……087
持股方式怎么设计……088
如何开展工作……088
规则是对所有人的一种保护……089

第五部分　用股权激励实现合伙人制

第十七章　股权激励不仅仅是工具 ……092
股权激励不是工具……092
股权激励是组织变革……093
股权激励更是一种文化变革……094

第十八章　股权激励的本质 ……096
一个很小的故事……096
股权激励分的是增量不是存量……097
股权激励同时具有约束性……098
股权激励建立的是利益共同体……098

股权激励能唤醒主人意识……099
股权激励让员工有独立人格……099
股权激励让大家有安全感……100

第十九章　股权激励符合了哪些人性……101
宁为鸡头不为凤尾……101
年轻人更追求自主……102
关注未来的安全……102
尊重人力资本……103
利益分配的公平性……103
防止经理人的短期行为……104
股权激励让人自私有度……104

第二十章　正确认识股权激励为什么热……106
股权激励为什么会热……106
股权激励为什么是虚热……107
要为股权激励做哪些准备……109

第二十一章　认识干股激励……110
干股的特点……110
为什么不相信干股……111
如何设计干股……112
用好好用的干股激励……113

第二十二章　股权激励的逻辑……114
股权激励是一桩买卖……114
股权激励是有业绩要求的……115
要找对激励的对象……116

股份的来源……116
激励的目的……117
效果不好的原因……117
员工不买怎么办……118
“一桩买卖”的逻辑就是股权激励的逻辑……118

第六部分 内部创业与合伙人制

第二十三章 创业路上找对同行者……120
一个人前行的孤独与茫然……120
如何与合伙人同行……121
如何与“江湖大哥”同行……122
为什么要聘请顾问……122
为什么要聘请外部董事……123
为什么要加入私人董事会……124
找到对的人同行……125

第二十四章 王品的内部创业为什么那么成功……126
内部创业是趋势……126
王品成功在哪里……127
王品做了什么……127
光环的背后是什么……129
从结果往回看……131
该学的是道而非术……132

第二十五章 从责权利看合伙人制机制设计……133
不同时期的责权利主体……133
合伙人机制设计的几种模式……134

责权利高度统一是合伙人机制设计的重点……135
合伙人机制需要不断完善……137

第二十六章　合伙人相处的基本原则……138
不能靠权力相处……138
不能靠道德相处……139
要靠规则相处……140
规则是一种契约……141

第二十七章　给别人安全是合作各方的共赢法则……142
有安全感的合作才会共赢……142
给合伙人安全……143
给员工安全……143
给老板安全……144
别人安全了，自己才会更安全……145

第二十八章　如何搭建企业内部创业平台……146
成功的关键要素……146
要找到好的CEO……147
要组建优秀的团队……147
利益分配中的平衡……148
经营风险的分担与平衡……149
万变不离其宗……149

第七部分　做好治理让合伙更长久

第二十九章　中小企业更需要治理……152
中小企业的公司治理现状……152

要对股权结构有清晰的认识……153
董事会在公司治理中的作用……154
治理是道……154

第三十章　民企老板如何完善治理结构……155
早放手，早受益……155
决策权开放……156
产权开放福利多……156
不怕慢，就怕错……157
决定治理结构完善程度的因素……157

第三十一章　公司的民主与专制……159
两种风格的优劣……160
民主是一种趋势……160
民主化在公司里的渐进趋势……161
企业的成长路径……161
从专制到民主要未雨绸缪……162
做顺势而为的选择……163

第三十二章　老板为什么建不好规则……164
好的规则有什么用……164
建规则与是什么文化没关系……165
为什么建不好规则……165
规则背后是权力分配……166
治理结构与规则……167
打扑克的启示……167
规则和文化高度交融是最高境界……167

第三十三章　董事会里席位分配的奥秘 …………………………169
董事会也有游戏规则……………………………………………169
席位分配要与股份比例相匹配…………………………………170
董事会不要和经营层重叠………………………………………171
引进外部董事……………………………………………………171
做就比不做强……………………………………………………172

第三十四章　老板和董事相处的艺术 ……………………………173
请能人来定规则…………………………………………………173
老板要守规则……………………………………………………174
让董事像主人一样………………………………………………174
董事要引导老板按套路出牌……………………………………175
给老板试错的机会………………………………………………175
董事要勤勉………………………………………………………176
从现实到理想……………………………………………………176

第三十五章　散伙也是个技术活儿 ………………………………177
丑话要说在前头…………………………………………………177
合伙人怎么散伙…………………………………………………178
股权激励对象怎么散伙…………………………………………179
没有事先约定也可以亡羊补牢…………………………………179
提前约定散伙规则不是坏事……………………………………180

第三十六章　对外合作远非章程约定那么简单 …………………181
中小企业之间合作的环境………………………………………181
从商业的本质去考虑，多业务合作，少股权合作……………182
从文化的角度考虑，共同经营需要磨合成本…………………183
从风险的角度考虑，控股也不一定就是说了算………………184

合作的关键是平衡责权利和风险……184

第三十七章　老板如何突破自己的天花板……185
从挣钱到做事……186
从人治到法治……186
从感性到理性……187
从做多到做少……188
突破自己的天花板是老板的责任……189

第三十八章　中小企业如何建立决策体系……190
决策的重要性……190
决策中的诱惑……191
如何建立公司的决策体系……191
决策体系比个人靠谱……193

第八部分　做好管理让企业更稳健

第三十九章　做企业，能慢才能快……196
慢是成长的规律……196
快的背后是慢的沉淀……197
最稀缺的是最值钱的……197
慢是不走捷径……198
慢是一种心态……199
慢是为了长久……199

第四十章　增量思维在经营中的应用……200
用增量思维创造业绩……200
用增量绩效分配奖金……201

用增量绩效晋升职位……201
用增量绩效分配股份……202
用增量奖金购买股份……202
增量思维可以一举四得……203

第四十一章　企业连而不锁，未来在哪里……204
连而不锁，未来并不看好……204
如何从连而不锁走向真正的连锁……205
做好顶层设计才是基础……206
统一管理依旧存在风险……206
推新品牌是否可以实现增长……207
家族是为企业服务的……207

第四十二章　知道人不可靠为什么还相信自己可靠……208
都知道人是不可靠的……208
都知道该相信团队、系统……209
都知道道理，为什么效果不好……209
既然人不可靠，难道你就可靠？……210
让制度大于老板，依法不依人……210
依靠制度比依靠人重要……211

第四十三章　商业与人性……212
商业的发展源自人性中的欲望……212
理性与贪婪……213
商业与反向的人性……214
基于人性的定位……214
商业需要理性经营……215

第九部分　股权战略微思考精要

2014年度微思考精要……218
2015年度微思考精要……230
2016年度微思考精要……240
2017年度微思考精要……248
2018年度微思考精要……261
2019年度微思考精要……270

第一部分 合伙人时代已经来临

自古有云：生意好做，伙计难搭。

传统的出资模式以资本为导向，所以老板大多习惯于一个人创业，风险也是老板一个人去面对。随着社会的发展，这种单打独斗的日子越来越凸显其艰难，老板越来越累，企业举步维艰。

穷则思变，变则通达。

老板寻找到一种利用股权设计既能同富贵又能共患难的模式——以人为导向的合伙人制，开启了全新的合伙人时代。

第一章

从管理的角度看老板为什么这么累

老板在百姓眼中是顶着财富光环的，然而老板都很累却是业界的共识。老板为什么会这么累？从管理的角度去分析原因，也许会对老板改变现状有所帮助。

因为工作的原因，我经常会接触一些企业和老板，发现不管企业做得怎么样，老板都是很累的。很有趣的一个现象是没有当过老板的都梦想着当老板，当了老板的都说下辈子打死也不会再当老板。没有当过老板的，看到的都是老板头顶的光环，并不知道老板真实面对的是什么样的生活。事实上，太多企业都活得很艰难，老板们往往看不到希望，只能硬着头皮摸索着往前走，内心充满迷茫、焦虑甚至恐惧，企业能活着是他们最大的目标，然后才是发展。为什么多数企业都活得这么累？本文暂且不谈大环境的影响，也不谈企业是老板一个人所有的原因，只从管理的角度来找企业自身的原因。

企业的发展方向不对

不管是企业还是个人，能够有尊严、有价值、快乐地活着就是最大的成功，用公式来表示就是：成功=方向×能力×动力，也就是说当方向正确，运用你的能力，在动力的驱动下去做，就一定会有成功的结果，只是成功的大小不同而已。

在中国，真正做企业的并不多，多数还是在做生意。做企业和做生意的区别就是他们的终极目的不一样，做企业是为了做事而赚钱，做生意是为了赚钱而做事，一个是为了做事，一个是为了赚钱。以做事为目的顺便赚钱，这是做企业的基本逻辑。但是在现实中，往往很容易把方向搞偏，一旦方向不对，所有的努力就都白费了。

有一些人是因为目标不明确，不知道自己在做什么，结果把自己搞得精疲力竭却事与愿违。有一次，我给一个学生做入学面试，问他是做什么的，他说他做了好几个企业。我问他是不是不赚钱，他很吃惊，问我是怎么知道的。我说："就因为你做了好几个企业。"然后他问我怎么办，我说："你只做一个就好了。"大概两年以后，我又碰到他，他告诉我，他按我说的去做了，现在开始赚钱了。这个学生很有悟性，一点拨就明白了，并且很快就付诸行动，避免了走更大的弯路。

还有一些企业看上去方向是对的，却不知道如何把事情做对。我碰到一个老板，摊子铺得很大，300多个员工，一年的营业收入却只有3000万元。很显然，员工的工作效率很低。老板累死累活的，辛苦一年下来却入不敷出。这种企业是没有竞争力的，一有风吹草动就会死掉。不是专注于一个细分领域，只是贪大而不求强，这是做企业非常忌讳的事情。

企业的组织能力不够

企业在原始起步阶段，通常会依赖老板的个人魅力或者老板就是一个大业务员把企业撑起来，但是到了一定规模之后，比如收入超过1000万元或者2000万元，老板就不应该再像以前那样做了，而是应该建立一个团队，靠团队来驱动，而团队驱动需要一个非常系统的内部管理体系来支撑。老板们都知道这个道理，但是真正做起来、做得好的却几乎没有，很多老板还是继续像大业务员一样忙着，没有心思也没有精力做内部管理，或者只是嘴上喊着内部管理重要但是真正落地的很少，导致组织能力不够，原因大致表现在四个方面：

第一，做得不深，投入不够。要建立一套内部管理体系，必须花大量的时间和精力去做，并且需要在运行中不断修正和完善，才能使管理体系有效。但是在现实中，很多企业只局限在做成一套制度上了，并没有在执行的过程中去修正和完善，导致制度缺乏实用性而成了摆设。时间长了，老板就开始怨天尤人，认为员工不行、行业不行、时机不对等，其实都不是，还是功夫不到、没做到家而已。任何制度，在制定的那个时间点都可能是最对的、最重要的，但是在执行的过程当中，所有促成制度形成的因素都有可能发生变化，那么根据这些变化来对制度进行调整就非常重要，不然这个制度就无法继续遵循，当然就没有用。

第二，做得不对，只做点和面，没做系统。企业的组织能力是企业内部管理的结果，企业内部管理是一个系统，只做一个点或一个层面是没有意义的，老板需要有系统的思维意识才能搭建起内部管理体系的架构。如果做得不对，比如架构搭错了，那么投入的越多，效果反而会越差。再比如，有时候过于强调层层审批就完全是一种权力导向，而忘了客户导向，甚至忘了产品导向，导致管理成本越来越大。还有很多老板喜欢学习别人的经验和技巧，以为可以走捷径，但是经验和技巧层面的东西只是在特定环境下管用。老板真正应该学的是具有系统概念和普遍适用性的基本原理，把原理读懂、读透以后就能举一反三、触类旁通。经验和技巧是对过去特定环境下的行为的总结，而原理则可以面对未来的所有未知。

第三，顾虑太多，不敢去做。很多老板喜欢学习，但是学得太杂，结果越学越不知道该做什么、该从哪里下手了，顾虑太多，总认为自己还没搞明白，所以很好的事情放在眼前也不敢去做了。其实，管理不是等你全想明白了才能去做的，而是明白一点就可以去做一点的，那些不明白的地方在做的过程中就会不断明白，这样才能不断地去完善自身的不足。管理是一门实践的学问，是在做的过程中不断明白的，而不是明白了以后去验证的。

第四，自己不做，让别人去做。大多数老板并不是也不可能样样都精通，所以很多老板就把做制度的事情交给各个部门或某些人去做，自己只要结果，但是通常这样做都不会有好的结果。一方面，由于老板没有参与，可能会因为不了解具体情况而否定了原本合理的制度，打击员工的积极性。另一方面，因为各部门都有自身的局限性，所以制定的制度难免会出现“各扫门前雪”、衔接性差的情况，使制度难以执行。对于建立内部管理体系这样的系统工程来说，真的不是哪一个部门或者哪一个人能做得了的，一定要老板亲自带领员工一起去做才行。因为没有谁可以像老板一样通盘考虑全局，而且团队的高度也一定不如老板的高度，所以，在这件事上，老板一定不能偷懒，偷懒的结果一定会是一时的轻松换来无尽的劳累。

企业的动力不足

做企业内部管理是很辛苦的事情，比如每个月需要投入一天或者两天时间去研讨和修订制度，而且管理在短时间内也很难见效益，所以很多老板就不愿意去做，特别是一些老板赚了一些钱以后，小富即安，没有动力去规范内部管理，觉得只要能应付着赚到钱就可以了，这种心态短时间可以，时间长了肯定不行。

另一方面，老板是否有动力做改变，与其生活圈子里的群体也有关系。如果老板身边都是比他优秀的人，这些人的言行、思维方式可能会在潜移默化中促使老板想去改变一些什么。如果老板身边都是喜欢拍马屁的人，老板听到的都是夸赞他的话，就未必能意识到企业存在的问题，自然也不会想着去改变什么。

但是时间总会把真实的结果展现给我们。如果没有有效的内部管理体系，企业内就会杂乱无章，从而导致员工能力不足、互相扯皮、磨洋工等，使管理成本加大，企业发展动力不足，形成恶性循环。等老板明白过来再想去做的时候，因为问题积累日久而且习惯已经形成，就要付出更大的代价，难度更大，更不愿意去做了，只能无奈地累着。

有方向就不怕路远

方向、能力和动力的相互作用是一个往复循环的过程。有了方向就不怕路远，没了方向则会越走越远，一旦发现方向错了一定要及时调整方向。方向对了，在行进的路途中不断反思、改进，一点一点去完善，提高能力，增加动力，就会形成良性循环，企业就会越来越好，老板也不会那么累。

第二章

现代企业责权利风险要对等

权力可以转化为利益，有多大的权力就有多大的利益。有责任也该有对应的风险，能承担起多大的风险才能承担起多大的责任。所以权力和利益对等，风险和责任也要对等，如果少了风险的承担，也就造成了责权利实际上的不对等。

责权利的背后还有风险

在企业管理中，我们都知道责权利要统一，也都在追求责权利的统一，但是仔细分析一下就会发现，当你把权力给了员工，员工就必须承担相应的责任，这是毋庸置疑的，但是责任背后的风险员工却承担不了，风险最终还是老板的。也就是说，你给员工的或者员工要的只是权力和利益，并没有责任，因为不能或者不需要承担风险的责任并不是真正的责任。由此可见，我们通常所讲的责权利统一并不是真正意义上的责权利统一，我们一直都忽略了责权利背后的风险。

我们在谈到风险时，传统意义上都只是在谈如何规避和控制风险，并没有涉及风险一旦产生该由谁来承担的问题，甚至可以说我们都默认是由老板一个人承担的。这显然并不合理，也对企业的健康发展不利。

在企业日常管理中，真正的良性循环不仅要考虑责权利的关系，更要考虑责权利背后的风险。把责任、权力、利益、风险这四个关键词贯穿到管理中，管理就会变得简单，信息也会更加对称，责权利的关系也更加透明。

责任和权力对应，风险和利益对应，有多大的责任就有多大的权力，相应的也会有对应的收益和风险，如果造成损失，就要承担对应的风险。这个逻辑要比传统意义上的责权利统一更加严谨、更加系统。

传统企业责权利风险不对等

事实上，传统企业的责权利风险是不对等的。在传统的出资模式当中，老板是企业的出资人，企业是老板的，所有员工都只是跟着老板干活的人。虽然老板也会把很多责权利分给一些高管，让高管也承担相应的责任，但是经营过程中的所有风险，归根结底还是老板一个人的。在这种模式下，老板挣的钱要和大家一起分，而企业有难时却没人和老板一起承担，也就是只能同富贵不能共患难，更形象一点的说法就是企业有难时老板可能会因为无路可退而选择跳楼，员工却可以轻轻松松去跳槽。

这样的结果不是老板愿意看到的，老板愿意看到的是大家同富贵共患难，然而现实中却很难达到，尤其在对金钱的关注和崇拜甚于其他的大环境下时，如果不尝试去做一些改变，共患难就只能是一种奢望。那么如何能让员工和老板共患难呢？

要承担风险，员工才会全力以赴

在企业的日常经营管理过程中，有一个很常见的现象：在面临困难时，老板本能地去找方法，员工本能地去找借口。这并不是因为老板比员工聪明，而是因为老板没有退路，必须找到前行的方法，所以老板的思维模式是积极的，而员工因为有很多退路可以选择，所以思维模式是消极的，想的是如何推卸责任。这两种不同的思维模式长期累积形成习惯，就会导致员工和老板这两个群体的人生结局有本质的不同。如果从财富的成就这个角度来衡量这两个群体的不同，很显然，老板个人的财富可能会是员工的百倍甚至更多。之所以会相差这么悬殊，一个关键的原因就是思维模式不一样。

《论语·泰伯》中说“不在其位，不谋其政”，用今天的话来说，就是一个人在什么位置考虑什么问题。老板和员工，显然是处于不同位置的两类人，他们所处位置的最大不同就在于老板没有退路，而员工有退路，所以考虑的问题就截然不同，也因此很多的良才就可能会被埋没而变成庸才。没有哪个老板愿意看到自己的企业里都是庸才，那么想要让一个人发挥潜力真正变成良才，最好的方法就是让他没有退路，因为人只有在没有退路的情况下才会全力以赴往前跑。当一个人能真正全力以赴的时候，有一天连他自己都要惊叹，原来自己还有那么大的潜力，可以那么优秀。

让员工没有退路，就是让员工在日常的工作中承担对应的风险，也就是和老板共患难。这看起来似乎对员工有些苛刻，实际上却是对员工的一种尊重和认可，也是在改变员工的思维模式，让员工愿意破釜沉舟，倾力而为，学会用积极的心态去看待自己的人生。

如何让员工承担风险

要让员工能承担风险，和老板同富贵共患难，关键是员工必须有资金投在企业里或者有可用来抵押的东西在企业里，但是现实中往往会面临员工没有钱或者没有可用来抵押的东西来承担风险的情况，这要怎么办呢？下面有三种非常好用的方法可以解决这样的问题。

第一种方法是延期支付。延期支付的前提是组织要尽可能扁平，内部要建立自主经营体，就是每个部门独立核算。举个简单的例子，比如，把各个部门今年的奖金扣下来一部分暂不发放，延期一年支付，等到明年再发，但是明年再发时有一个前提，就是这部分延期支付的奖金要先用来弥补明年的亏损。那么，如果明年有亏损，就不再是老板承担了，而是由亏损的部门自行承担，这样就可以实现同富贵共患难了。当然延期两年也行，企业根据自身的情况去设计即可，延期支付的比例也一样，并没有固定的比例。

第二种方法是股权激励。股权激励就是让员工用现金来买公司的股份

（内部价格），成为公司的股东，如果员工没有现金，可以让员工用奖金去买。员工买了公司股份以后，一旦产生亏损，特别是那种人为的、从道德层面上给公司造成的亏损，就可以通过用员工个人的股权做质押的方式，实现风险共担、收益共享的目的。如果是新公司或者新项目成立，可以让关键员工认购这家公司或者这个项目的股权，或者面对关键员工做股权众筹，这也是很好的模式，也能起到和股权激励同样的效果。

第三种方法是劣后收益。如果仅仅是各部门独立核算，就还是挣钱一块分、亏钱是老板一个人承担的模式，而劣后收益则可以解决这个问题。劣后收益源自投资理财中的“优先”和“劣后”理论，优先级收益享有相对确定且封顶的预期收益率，而劣后级收益则没有确定的收益率目标，投资所产生的剩余收益都归属于劣后级，当投资发生损失时，则首先由劣后级承担，最后才是优先级。具体应用到企业中，就是公司向自主经营体比如事业部或者分子公司等收取一个固定额度的收益，超过额度以上的部分根据约定的比例来分配，比如2∶8或者3∶7，如果没有完成额度，这个自主经营体要按约定的额度向公司补齐差额。因为经营权完全放给了这个团队，这个团队就要承担全部风险。这种分配背后的逻辑也是一种权力和责任的对等，前提是需要建立在延期支付和股权激励的基础上，因为一旦产生亏损，就可以通过质押股权或者延期支付的方式来弥补因没有完成约定的额度对公司造成的损失。如果员工没有资产作抵押，那么，弥补亏损、分担风险的说法就是假的，无法兑现。

风险的大小决定了用心程度

在任何时候，风险和收益都是相伴而生的，每个人也都有享受收益的愿望和担当风险的潜质，只是程度不同。作为老板，如果因为设计不当使员工不需要承担风险，把风险都压在自己肩上，也真的不能怨世态炎凉、人情冷漠，因为在金钱面前，人往往更容易趋利避害，这是人性，无所谓对与错。而如果让员工投资在企业，也成为企业中的有恒产者，就会把员工担当风险的潜质激发出来，不仅可以解决有难同当的问题，也可以大大增加企业的活力。

一个人用心的程度并不在于他能够获得多少，而在于他不用心会失去多少。

第三章

用股权规避企业风险

企业的风险一直都在，也表现在方方面面，比如融资、投资、决策、经营，避而不谈或者心存侥幸都不是良策，正确的做法是学会用股权规避企业风险。

企业规模小的时候通常只是忙着做业务，焦点在业务层面，而当企业发展到一定阶段，焦点已经转变为风险层面，本质上已经是风险管理了。很多企业死掉，不是因为其规模小，多数是因为想做大而死掉的，是扩张导致的风险。很多老板跑路，在一定程度上也是因为没有做好风险管理，不懂如何规避风险的结果。

一个人承担风险太沉重

现实中，老板和员工大多是一种共创共享的关系，也就是一起创业，一起分钱，而且是员工先分，先拿工资和奖金，老板后分，有利润才能分。表面上看，这种关系很和谐，实际上这种关系却很松散，没有黏性，公司一旦有难，员工可以跳槽，而老板只能一个人承担所有风险。还会出现的一个现象是，如果老板出事，在公司治理结构不完善的时候，员工特别是高管们肯定跑得都很快，而且可能不会空着手，还会带走点东西或者带着公司很核心的东西跑。相反，如果是高管出事，老板一定不会撒手不管。

所以，把风险都压在老板一个人身上，无疑太过沉重，无论是对老板个人还是对企业都是非常不安全的。企业能够永续经营，是所有创业者的梦想，而风险也一直都在，所以规避、分散风险和发展企业同样重要。

用股权规避融资风险

对于大多数企业来说，企业发展、扩张需要资金时，通常可以考虑的融资渠道有投资人、合伙人、内部员工、银行，甚至高利贷，但是这几种渠道融来的资金，其风险是不一样的。只有找对渠道用对钱，才能远离风险。

用投资人、合伙人的钱或者让员工入股用员工的钱，如果企业是在正常经营的情况下亏损甚至死掉，他们作为股东会一起承担风险。用银行的钱，门槛比较高，会有很多限制，比如抵押、股东承担无限责任等，所以当企业不能偿还借款时，银行会拍卖抵押物或者追溯到老板的个人财产。用高利贷的钱，没有门槛，但是会面临更大的风险，一旦还不上款，可能会有性命之忧。

也就是说，用股东的钱基本上是零风险，而用高利贷的钱风险最大，所以，要尽可能多用股东的钱，少用银行的钱，不用高利贷的钱。

用股权规避投资风险

当企业有了余钱或者发现了好的项目，老板通常会考虑对外投资，因为把企业做大也是老板的梦想，但是任何投资也都是收益伴随着风险，如果做不好风险评估，仅凭着感觉去做，就很容易掉进风险中，给企业带来损失。

凭着感觉去投资，通常会发生在老板一个人说了算的企业里，没有其他股东，钱是老板自己的，别人说了不算，而老板一个人的智慧终也抵不过一个团队的智慧，所以有些时候老板其实是在乱投资。

如果有其他股东，对外投资是需要其他股东也同意的，那么股东们就会对投资项目的可行性进行分析、讨论和辩论，这样就可以避免一个人考虑不周带来的风险。

如果没有其他股东，可以通过不同的投资方式创造股东，来达到规避投资风险的目的。下面我们就以投资一个新项目为例，分析什么样的投资方式可以规避投资风险。

如果老板一个人投资了新项目，只是派一个职业经理人去负责这个项目的运作，那么对经理人来说项目做得好坏是无所谓的，他只要拿到自己的工资就可以了。项目做得不好，经理人不需要承担什么风险，最多是奖金少了或者没了，而对老板来说却要承担很大的风险，可能会血本无归甚至倾家荡产。这种投资方式很容易导致投资失败，因为经理人花的不是自己的钱，用心程度会不一样。

如果换一种投资方式，不只是老板一个人投资，而是让负责项目的总经理也跟着投资而成为股东，结果就会不一样，投资风险就会大大降低。如果总经理愿意投资，说明总经理对这个项目有信心，而且他有钱投在这个项目里，也一定会用心去做。如果总经理不愿意投资，说明总经理对这个项目没有信心，或者不愿意承担风险，让一个没有信心的人去做这个项目，而且他没有钱投在这个项目里，做不好自己也没有风险，那么失败的概率就要大很多，这种情况下，项目再好也没有用。再好的项目，没有合适的人也不要去做。

如果企业本身的治理结构已经比较规范，有股东会和董事会，要做投资的话，可以借鉴复星集团的做法。比如，在做投资决策时，会有董事参与投票，凡是投票赞成的董事也要跟着投资，这样可以防止他们在做决策时不动脑筋或者做老好人；另外推荐项目的人也要投资，这样可以防止推荐人不负责任。这些也都是通过股权来规避投资风险的方法。

用股权规避决策风险

一个人做决策和一个团队做决策是不一样的。企业最大的风险是决策风险，决策风险带给企业的损失都是非常大的。要降低决策风险，最好的办法就是让很多人入股，让很多人的利益都牵扯进去。那么，做决策的时候就可能会出现各种观点的辩论，通过这些辩论可以看到事物的本质，再做决策就会从一个人的感性变成一个群体的理性。

史玉柱在做“脑白金”之前，都是他一个人做决策，结果一度成为中国最大的“负翁”。后来他做了反思，成立了七人投资委员会，任何一个项目，只要赞成票不过半数就一定放弃，否决率高达三分之二，但是后来史玉柱所有的投资决策几乎都是成功的，比如投资脑白金、五粮液、民生银行、征途游戏等。

用股权规避经营风险

经营风险有很多，比如产品质量、市场、广告、操作、安全等风险，任何一种风险都会给企业带来不同程度的伤害和损失，所以如何让员工尽职尽责、降低经营风险也是每个老板关注的事情。

当企业发展到一定阶段时，老板就需要把权力分给员工，让员工为自己的工作负责，但是如果员工只是员工，员工承担的就只是工作的责任，没有能力甚至不需要承担风险，经营风险还是老板一个人的。而如果员工有股权，那么员工因为个人原因造成损失，他的股权也会跟着受损失或者失去。

所以，企业的关键岗位一定要安排股东来做，特别是总经理，最好是除了老板之外的第二大股东来做，这样，总经理就会和老板一起承担经营上的风险。还有一些不好考核的岗位，最好也能和员工的股权挂起钩来。当责任、利益和风险挂钩，降低风险就成了大家共同关注的重要目标。

用好股权可以一举多得

管理从表面上来看是责权利的统一，本质上却应该是责权利和风险的对等。但是一直以来通常只有老板在承担风险，员工特别是高管虽然也有着不低的责权利待遇却不需要承担风险，他们最大的风险就是被公司辞退，但是他们换个单位可能会获得更高的职位。这个逻辑显然有失公平，很多老板已经意识到了，所以就有了内部创业、合伙人制、内部众筹等让员工入股的方式，既解决了资金问题，又挖掘了员工潜力，最重要的是能够确保责权利和风险对等，让企业进入良性循环。这样一举多得的效果，恐怕只有股权可以做得到，所以用好股权是每一个老板必须学会的本事。

第四章

民企要学会善始善终

企业从生到死是一个必然的过程，我们要能坦然接受并理性对待，早做控制和规划。

民企一样会生也会死

中国的民营企业老板多数是“草根”出身，没有受过系统的科班教育，属于野蛮生长，往往是企业做得稀里糊涂，死得也稀里糊涂。很多企业就是因为股权结构不合理而发生内讧，创始人被干掉，比如真功夫、爱多VCD、雷士照明等。也有很多创始人是被投资人赶走的，比如新浪网和俏江南的创始人等等。这些年跑路的老板，多数是因为资金链断掉而倾家荡产、资不抵债。如果这些老板早知道做企业会是这样的结果，我想他们一定会选择不做企业，或者会换一种方式重新来做。

中国的中小企业寿命都比较短，平均不到五年，死掉的是多数，活下来的是少数。这就让我们不得不思考一个问题：中国的民营企业如何才能做到善始善终？都说做人要善终，做企业也如同做人，既要学会善始，更要学会善终。

做好控制权设计

如果创始人失去了对公司的控制权，其实也意味着公司丢失了灵魂，所以做好控制权设计非常关键。首先，股份不能平分，一定要有一个大股东，通俗一点说就是带头大哥，最好是创始人占大股，不要让投资人占大股。因为创始人和投资人对公司的情感和追求不同，对公司的影响和运作就会有不同，会带来不同的发展结果。其次，要有一定的规则。没有规则，所有的事情就都可以是弹性的和无章可循的，混乱无序就成为常态，公司很难有发展。

股份不能平分，这是最基本的逻辑，也是最容易犯错误的地方。中国人喜欢讲情义，讲兄弟感情，所以分股份的时候容易平分，显得自己很仗义，但是生意场上仅有仗义还不够，还要有“亲兄弟明算账”和“丑话说在前头”的规则意识，这才是真正的仗义。

股份平分的最大恶果就是人人有股份等于人人没股份，人人说了算等于人人都说了不算，这就容易产生矛盾，容易闹内讧甚至闹掰，这种内耗直接能将公司拖垮。即便是一个人做企业，只要你婚姻状态正常，这个企业就是你们夫妻两个人的，也面临着规则没设计好而带来的风险，也需要设计好规则，避免出现两个人都想说了算的局面。

做好风险控制

民营企业老板多数是“草根”出身，通过这么多年的接触，我发现越是穷孩子出身，对财富的欲望越强烈。一旦有点机会就总想把握，没有机会也想创造机会，但是在面临机会和风险时却很难把控好，往往手里只有一分钱却总想做两分钱的事，这样做的后果就非常可怕。那些跑路的老板之所以跑路，抛开外部环境不说，主要原因就是当初太想做大和做强而导致了资金链断裂。

作为中小企业，你有两分钱最好只做一分钱的事，知道自己是穷孩子出身，就要学会控制自己的欲望，学会拒绝浮躁。所有死掉的企业都是撑死的，不是饿死的。既然是“草根”出身，就踏踏实实做一棵坚韧的、生命力强的小草，不要奢望自己长成参天大树。这个世界，正是因为有很多小草，才显得丰富多彩，如果都是大树，世界就会很单调。

做好风险分担

作为老板，如果你认为企业是你一个人的，那么风险也是你一个人的。企业活下来是小概率事件，死掉是大概率事件。既然如此，企业最终也不是你的，因为它死掉了，这是客观事实。所以，作为民营企业的老板，一定要做好风险管理，不要因为舍不得而独自拥有企业，自己一个人拥抱着风险却不肯放手。

通常，老板和员工之间是有钱大家一起分、有难老板一个人扛的关系，只能同富贵不能共患难。一个人承担风险，实在太沉重。如果在创业时能找一些合伙人，或者在企业发展过程中通过股权激励培养一些合伙人，有风险的时候大家就会和老板一起分担，不会像以前一样，企业赚钱时是老板一个人赚，企业死掉时是老板一个人承担，其他人跳槽。

关于风险分担，有两个非常经典的案例，就是国美和创维。国美老板黄光裕出事儿以后，其高管集体倒向陈晓和黄光裕对抗，一个主要的原因就是虽然股东大会已经授权给董事会可以随时给高管做股权激励，但是黄光裕舍不得把股份分给高管，就一直没有做，而陈晓做了董事长以后却做了这件事，结果高管就和陈晓站在了一起。是黄光裕的不舍导致了高管的集体背叛，没有人愿意和他分担风险。而创维却不一样，当黄宏生因挪用资金被抓进去之后，因为陆华强事件黄宏生提前对高管做的股权激励在关键时刻显示了力量，是他激励的这些高管把创维给支撑了起来，而且比他在的时候做得还好。

所以，提前把股份分好，特别是培养出一个优秀的合伙人团队，即便将来企业有难，也会有兄弟帮你扛。表面上看是分你的股份、分你的财富，其实真正的目的是为你自己、为企业在做风险防范。

提高抗病能力

如果给民营企业做大和做强两个选择，我建议选择做强，因为即便你的企业做的体量很大，也并不代表你做得很强，就像人一样，胖不代表壮，可能是虚胖，不一定能抵抗疾病，相反，你可能娇小，但很健康，就会有很强的抵抗能力，所以，做强要比做大好得多。

对企业来讲，怎么才是强呢？就是要有很强的盈利能力，利润率高，这样，市场的波动对你的影响就会很小。所以，我们要专注做一个细分领域，成为一个行业的领袖。只有这样，你才有议价的能力，才能有很高的利润。高利润率带给企业的好处是：第一，抵抗外界风险的能力强；第二，账上会储备很多现金，即便有什么风吹草动，也不至于被动。

提前做好规划

民营企业不要首要考虑做多大，而是要首要考虑如何能活着，如果有机会能做得强、做得健康，当然更好，但是，未来不是我们想象的那样美好，因为民营企业死掉是大概率事件。按照过去几十年的规律，现在的企业十年之后80%都要死掉，客观现实就是这么残酷。也没有“都是别人的企业会死掉、自己的企业就不会死”这么好的事情，所以，我们还是要提前有一个理性的规划。那么怎么规划呢？

第一，要尽可能早地培养好接班人，提前做好传承体系的安排，比如，是要家族传承还是职业经理人传承。同时要有一个健康的董事会，这是很理想的一种状态。临时抱佛脚是解决不了问题的，因为接班人传承远比我们想象的复杂，不是交一下班那么简单。一个接班人没有十年八年的时间是培养不出来的，即便是做二十年的规划也不一定就能成功。

第二，如果内部的职业经理人中找不到合适的接班人，孩子也不愿接班，你也老了做不动了，就要考虑另外的方式，比如把企业卖给别人，或者如果有很好的合伙人，可以转让一些股份给他，让他占大股，你放弃控制权。

第三，如果找不到接班人，也卖不掉，也没有愿意接手的合伙人，还有一个方法就是储备一定的现金，让企业慢慢关掉，给员工们足够的遣散费，也算做到了善终。

善始善终是最好的结局

从生到死是一个必然的过程，这是任何生命都必须经历的过程，而对民营企业来说，这个过程可能更短暂，也因为短暂而更珍贵。我们要能理性对待，不要回避，我们可以早控制早规划，学会掌握自己生命的主动权，学会做到善始善终，让这个过程尽可能走的平稳一些、长久一些。

PART 02

第二部分

用股权驱动战略落地

组织的成功要靠人来实现，经营的本质是经营人。

组织的伟大来自对人的尊重，对员工越尊重，越能激发员工的创造力。

现代企业发展中越来越凸显出人的重要性，所以对企业来说，把人和组织高度匹配到可以根据环境自动调整才是最好的战略，而股权将是最有效的驱动力。

第五章

把股权提升到战略高度

一个企业从创业开始，到发展、上市、传承，都是绕不开股权的。

股权是企业栽下的梧桐树，要从战略的高度去对待股权。

通常我们在做企业时都会把商业模式、营销模式等看得很重要，但是大众创业的火爆和社会发展的趋势，使股权的重要性越来越凸显出来。但是现实中大家对股权的认识还没有提高到一个高度，甚至没有意识到股权的意义和作用，所以有的人愿意守护着自己100%的股权，有的人虽然愿意分股权，但是不知道股权分配的规律，不会分，分错了，从而失去了对企业的控制。现在流行的众筹项目，其实60%基本上都是失败的，原因就是不会分。所以，把股权提升到战略的高度去认识和运用是企业能够健康、持续发展的一个重要前提。

股权结构如同汽车底盘

也许受中国传统文化的影响，中国人不大擅长“亲兄弟明算账”，而股权本身又有一些抽象，所以在大多数创业者的知识架构里，股权的概念几乎是空白，反映到现实中就是很多老板的股权运用和分配远没有生意做得好。

商业模式错了，可以推翻重来，而股权结构错了远没有那么简单。一辆汽车的好坏，最关键的是要看它的底盘和发动机，如果这两个部件不好，这辆车基本上就是废的。没有底盘或底盘不结实，车再漂亮也没有用，跑着跑着就会车毁人亡。股权结构就是企业的底盘，目的是让创始人对这家企业有基本的、足够的控制权，避免企业做大以后创始人被赶出来。当年的苹果创始人之一乔布斯和新浪创始人王志东，就是因为公司的股权没设计好而被赶出来了。还有后来雷士照明的吴长江、1号店的于刚、汽车之家的李想，都是因为刚开始创业时控制权的设计出了致命的错误，不仅创始人全盘皆输，也在一定程度上影响了企业的发展。

乔布斯是绝对的商界奇才，却也曾栽倒在错误的股权设计上。苹果公司上市前，几个股东的股权比例是3：3：3：1，乔布斯是其中的一个3，从这个比例可以看出，乔布斯当初对苹果公司是没有足够的控制权的，甚至连否决权也没有，那么被赶出来也就是必然的结果。没有了乔布斯的苹果公司一度濒临绝境，直到乔布斯重返才使苹果公司绝境逢生，再度辉煌。而在中国，股权设计错误的企业和创始人大多数就没有这么幸运。所以，做好股权设计、保护好创始人对企业的控制权，对企业的发展是至关重要的。

股权是企业栽下的梧桐树

现在的社会早已告别了单打独斗的时代，越来越多的老板意识到合作的重要性，越来越多的人也愿意参与到企业的经营行为中，所以越来越多的企业希望找到优秀的人才共谋发展。这是时代的进步，也是对人性的尊重。传说凤凰只喜欢栖息在梧桐树上，所以有“栽下梧桐树引得凤凰来”的说法。那么对现代企业来说，股权就是那棵梧桐树，有了梧桐树会吸引到什么样的凤凰呢？

股权可以吸引合伙人。合伙人是目前普遍被大家认可的非常重要的合作方式，很多企业都在用，尤其是创业之初。当万科不再采用经理人制而是采用事业合伙人制时，那是万科战略上的改变；当七个顶尖级人物成就了小米的时候，你有没有想过是什么吸引了他们加入？有时候合伙人选择的好与坏会直接影响公司的成败，所以选对合伙人很重要。

合伙人看重的是公司的发展前景，更看重股权设计是否合理、未来的个人收益如何，所以做对股权设计更重要，因为好的股权设计既能保证合伙人的收益又能保护创始人的利益。

关于合伙人的股权设计，我在第三部分的第十一章《做好股权设计，合理分配股权》里有论述。现在还有一种比较流行的合作方式叫股权众筹，特别是内部股权众筹，也是非常好的吸引合伙人的模式，最典型的案例就是山东鼎好集团旗下的大厂房，已经通过内部股权众筹新开了两家门店，生意火爆。

股权可以做股权激励。股权还有一个重要的作用就是股权激励。上市公司100%都在采用股权激励，没有上市的公司很多也在用，比如华耐家具、华为等公司。华为用的还是虚拟股份，但是效果比大家想象的要好，这也是成就华为的关键措施之一。

因为股权激励尊重了人性，所以能把优秀的员工留住，并且员工愿意和老板因为共同的利益而同甘苦共命运，这是一种双赢的激励方式。

股权可以用于收购。企业在发展的过程中，总会遇到一些机会可以去收购别的企业来扩大自己的规模。如果动用现金收购，会给企业带来现金流方面的压力，严重的话甚至会影响企业的正常经营，这就会让很多老板在机会面前望而却步。如果用股权来收购，既不影响现金流又能达到收购企业的目的，老板心里就会比较踏实，不用担心现金流的变化会给企业带来的影响，容易把握时机给企业更大的发展机会。

股权可以用来融资。融资有不同的渠道，渠道不同，风险也不同。股权融资是让有钱的人、有能力的人成为股东，帮助你创业，在正常经营的情况下基本上没有风险；用银行的钱你需要承担无限连带责任；用高利贷的钱风险更大。如果通过上市融资，虽然能够规范自己的企业，但是上市的标准很高。现在的股权众筹，就是一种通过股权融资的方式让能人来帮你创业的模式，创业的成功率就会提高，当然，前提是要懂得如何分股权，做好众筹股权的设计。

股权在家族企业中的意义

家族企业在中国经济发展中的作用不容忽视，在如何传承和永续经营方面遇到的麻烦和危机同样也是不容忽视的。这是家族企业必须直面的问题，而能够解决这个问题的最有效的方式就是运用好股权。但是在中国，很多的家族企业还没有意识到股权在家族企业中的真正作用和意义，比如，在有的家族企业里，股权可能只是一个摆设，或者只是用来分红的依据，股权真正的作用被忽视了或者他们根本不懂什么是股权。

无论曾经多么辉煌的企业，无论做过多大的贡献，如果不能运用股权的制衡作用，结局一定很悲惨。山西海鑫集团落得破产重整的局面，很关键的因素就是没有运用股权，也许在海鑫集团根本就没有股权的概念，或者股权的概念让分红代替了。见诸媒体的所有报道都没有提及海鑫集团的股权结构，都在强调是创始人李海仓的父亲一个人拍板决定让李兆会接班的。在海鑫集团遭遇困境的时候，在李兆会疯狂投资资本市场的时候，海鑫集团的决策机构在哪里？

家族企业因为有亲情在，所以创业初期非常有凝聚力，但是亲情往往会凌驾于理性和规则之上，一旦遇到非正常变故，企业就面临非常大的危机。每一个创始人都希望企业能够传承下去，永续经营，但是中国人喜欢分家产，总以为把财富抓在自己手里才安全，可是当个人分到了家产以后，企业也就面临着分崩离析的局面了，或者造成股权分散、控制权旁落的局面，企业未来也就岌岌可危了。

对家族企业来说，用股权做好顶层设计，既有约束又有控制，才能保证企业理性发展；用股权做好传承设计，兼顾继承和发展，才能避免变故之后的混乱，保证事业延续。除此之外，还有一个模式是通过家族信托传承财富，不管未来出现什么风险，都能保证自己的股权不被分割，把事业延续下去。

老板必须转变的观念

一个企业从创业开始，到发展、上市、传承，都是绕不开股权的。股权贯穿着企业的整个运转过程，起着根本的作用。如果老板对股权的认知还停留在只是用来分红上，不知道股权还有激励、约束、制衡的功能，不知道股权结构的好坏可以关系到企业的生死与寿命长短，不知道股权在对规范管理、激发潜能、促动发展、事业传承中的重要作用，这是非常可惜甚至是可悲的，老板失去的是保护自己、保护企业、发展企业、传承企业的最有效的法宝。所以社会走到今天，把股权提升到战略的高度去对待，是老板们必须转变的观念。

第六章

用股权战略驱动企业发展

战略是企业发展的规划、策略和方向，需要根据企业所处环境的变化进行相应调整。现在，企业最稀缺的是人才，所以战略规划的重点应该开始放在人的身上，要重新对人进行认识，以便充分发挥人的能动性，否则战略方向就会出问题。

战略实施的保障

任何企业，其战略实施的保障均取决于人与组织、与环境的匹配。在传统工业时代，绝大部分企业基本都是一种自上而下的科层组织，在这种组织模式里，信息和指令都是自上而下的，员工处于一种被动的工作状态，人与组织之间处于一种若即若离的状态。如果我们能建立一种人与组织、与环境高度匹配的自组织模式，那么组织就会根据各种环境变化而自动调整战略，完成战略的实施。比如自然界的各种生命种群、部落等，没有人给它们规划战略，却能活千年或上亿年，而企业天天谈战略，生命却不过几十年。这其实验证了一句话：没有战略是最好的战略。所以，对企业来说，把人和组织高度匹配到可以根据环境自动调整才是最好的战略。那么人和组织要怎样匹配才能达到最好呢？那就是要顺应人性，挖掘出人的潜能和创造力。

人的需求变化

企业有民营企业、国有企业和外资企业之分，这样的分类主要是按照产权归属来划分的。产权归属是人与组织的关系中最为重要的界定方式，也是组织竞争力和活力的界定方式。在企业里，股权就是产权的一种承载和体现方式。

人最基本的三大权利（生存权、财产权、自由权）中的自由权和生存权在不同的企业不会有太大的差别，但股权在不同的企业却有很大的差别，有的企业里有股权，有的企业里一点也没有。对股权的认识和理解，本质是对人权的认识和理解，对股权的尊重就是对人权的尊重。股权包括控制权、所有权、分红权、继承权、增值权和转让权等。

随着社会资源的不断丰富，人的需求也不断提高，不再是吃饱穿暖那么简单，而是越来越倾向于被尊重和实现自我价值，特别是现在的年轻人。正如图6-1描绘的那样，在我国，“60后”和“70后”对尊重和自我实现并没有太高的需求，而“80后”和“90后”则更多关注的是尊重和自我实现。满足尊重和自我实现需求的最好的方式就是让他们有相应的股权，让他们成为主人，为自己干。孟子也早就说过“有恒产者有恒心”。

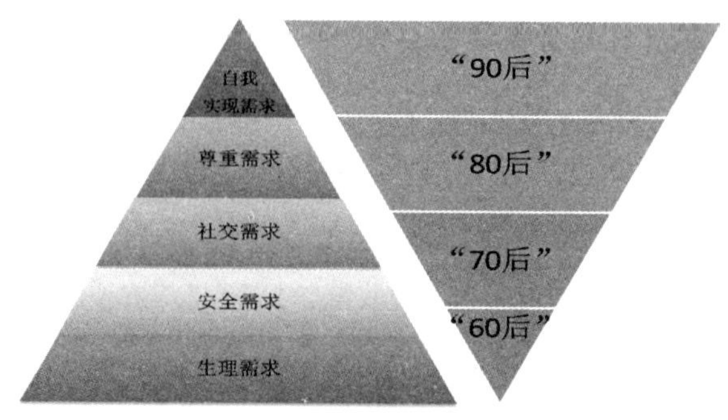

图6-1　马斯洛需求层次理论与不同阶段人群对应图

人与组织的匹配本质是股权与组织的匹配

既然股权背后代表着对人性的理解和尊重，那么我们就简单通过下面这些案例，从不同的股权开放程度引起的组织模式的变化以及这些变化给企业带来的不同效果进行分析，看股权战略对企业发展的重要性。

员工没有股权。在传统的科层组织中，普通员工没有任何股权，老板仅仅是把操作权或部分管理权交给了员工，而员工只要机械地完成自己的工作就可以获得薪酬甚至奖金。在这样的组织里，员工通常的心理就是多一事不如少一事，因为干的多错的也会多。所以这样的组织在新的竞争环境下，基本上已经丧失了发展的潜力和活力。当然不排除有些优秀的公司高管可能享有股权激励，但比较少，相对于数量众多的科层组织而言，可以忽略不计。

员工享有经营权。把经营权给了员工的典型代表是日本的京瓷和山东的韩都衣舍。京瓷采用的是阿米巴经营模式，成为世界500强企业。韩都衣舍采用的是小组制，实现了责权利的高度统一，一度成为互联网时代快时尚第一品牌。

把分红权和经营权给员工。把股权中的分红权以及与之对应的经营权给了员工的代表是华为和晋商。华为的虚拟受限股份制是华为取得辉煌成就的很重要的原因之一。晋商采用的身股制使山西在明清两代成为中国的经济中心之一。

把所有权、分红权、经营权给员工。把股权的所有权开放一部分，并把与之相对应的分红权和经营权给了员工的代表是万科和汉王，他们都采用了事业合伙人制。万科是从曾经推崇的职业经理人制转而采用事业合伙人制的。汉王则通过事业合伙人制拯救了自己，激发了企业活力。事业合伙人制其实就是典型的内部创业机制，公司成了成就员工创业的平台。

内部创业非常成功的，不得不提台湾的王品集团。王品集团从2002年开始就实施了一系列的内部创业计划，使得王品成为台湾最大的连锁餐饮集团，旗下有10多个品牌，王品牛排在大陆也有160家门店。王品集团管理者的聪明之处就在于对人性的理解，不仅顺水推舟送了人情，还激发了有能力员工的创业热情，并建立了人才梯队。

在内部创业机制的基础上延伸出的外部创业机制，即外部创业平台，就是当今盛行的企业孵化器、创客空间等，比如新东方创始人俞敏洪创办的洪泰创客空间。

表 6-1　股权开放程度、组织模式、员工身份的关系

股权开放程度	组织模式	员工身份
操作权	科层制	仆人
执行权		
经营权	小组制	弟兄
分红权	事业部制	
所有权	子公司制	
控制权	孵化器	主人

从表6-1不难发现，这几种组织模式就是产权由封闭到逐渐开放的变化过程。在这一过程中，员工也在仆人、弟兄、主人这三种身份中转换。这种产权由封闭到开放的程度，企业可以根据自己成长的不同阶段进行选择，可以选择其中一项或者两项，也可以逐渐不断开放，如果条件成熟当然也可以一步到位。

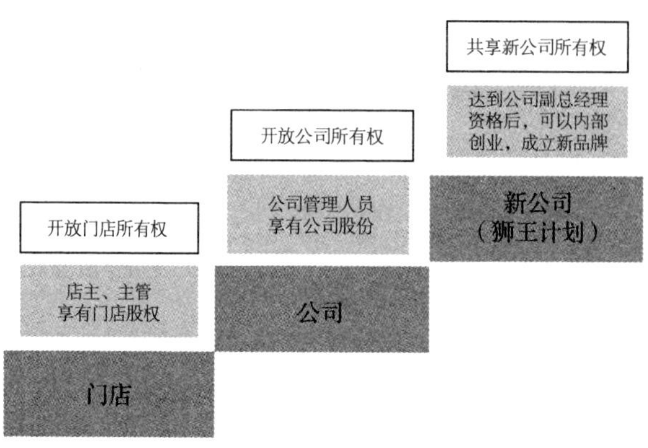

图6-2　王品集团股权开放演变

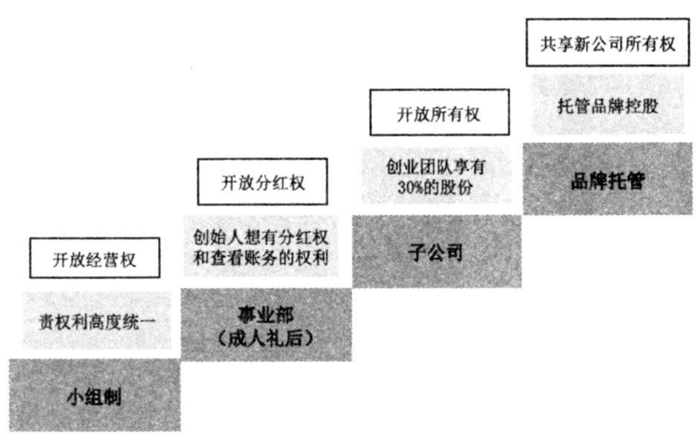

图6-3　韩都衣舍组织进化步骤

图6-2和图6-3分别是王品集团和韩都衣舍产权开放的渐进过程。韩都衣舍成立于2008年，正是这种股权的开放给其带来了巨大的发展潜力和活力，到2019年底，其旗下已经拥有70个自有品牌。

股权战略是对经营的本质的最好诠释

组织的成功要靠人来实现，经营的本质其实是经营人。组织的伟大来自对人的尊重，对员工越尊重，越能激发员工的创造力，正如上文中那些开放股权的企业所做的。

曾鸣在《重新定义公司：谷歌是如何运营的》的序言中说“未来的组织会演变成什么样，现在还很难看清楚，但未来组织最重要的功能已经越来越清楚，是赋能，而不再是管理或激励。”这里的赋能，通俗讲就是企业要为员工创造条件，激发他们的创造力和潜能，也就是大家讲的建立自组织。而实现自组织，一定离不开股权的开放，所以从股权的角度去设定企业的发展规划，将是指引企业未来发展方向的非常好用的罗盘，也是未来企业发展最有效的驱动力。

案例分享

做好顶层设计，明确发展路径

★ 项目背景

牛基创始人詹天保原来的企业是做食品馅料的，他是公司创始人也是最大股东，在济南做了18年了。目前公司由职业经理人管理，自己处于半退休状态，本打算就这样在家含饴弄孙享清福了，却因为和孙子的一次关于面包的街头对话，萌生了给孩子做放心食品的想法，开始了第二次创业。詹总赋予了这次创业更高的使命，那就是要做中国安全食品的领军企业。

詹天保知道，做现代企业，钱已经不是主要问题了，人才是企业发展的核心。经过了一年多的努力，他找到了13个合伙人，大部分都是从事食品相关行业的，都有着和他自己一样的想法。

★ 项目定位

牛基项目的定位是无添加剂安全烘焙食品，发展直营点或加盟店，以全产业链运营为商业模式，与专业农产品基地合作，引入第三方检测机构，在全国建立多家牛基直供生态基地，以保证所采用的原料均为有机农产品并确保品质。

牛基店基本上分为两种：一种为街边店，主要在大型社区的主要商业街，经营面积为50～120平方米；另一种为社区店，主要在社区内部，经营面积一般为20平方米左右。未来五年的战略规划是在全国发展1万家街边店和5万家社区店。

★ 架构设计

基于牛基的项目定位、商业模式和发展规划，项目顶层设计如下：

首先，由詹氏家族资产管理公司联合其他13位创始人投资成立上海牛基品牌管理有限公司，负责牛基品牌的管理、策划和市场运营等工作。

其次，根据业务发展需要，上海牛基品牌管理有限公司旗下成立若干行业板块的项目公司。目前已经成立了山东牛基烘培股份有限公司、黑龙江牛基粮油公司、辽宁畜牧公司、江西种植公司。

其中，山东牛基烘焙股份有限公司作为项目运营主体，也是将来做IPO项目的公司，其启动资金主要源于顶层设计中上层封闭公司的投入，其发展运营中的资金主要源于两个有限合伙企业——济南牛乙基合伙企业（有限合伙）和济南牛丙基合伙企业（有限合伙）。该有限合伙企业的部分投资在IPO前或PE轮前完成回购退出。

牛基项目的顶层设计如图6-4所示：

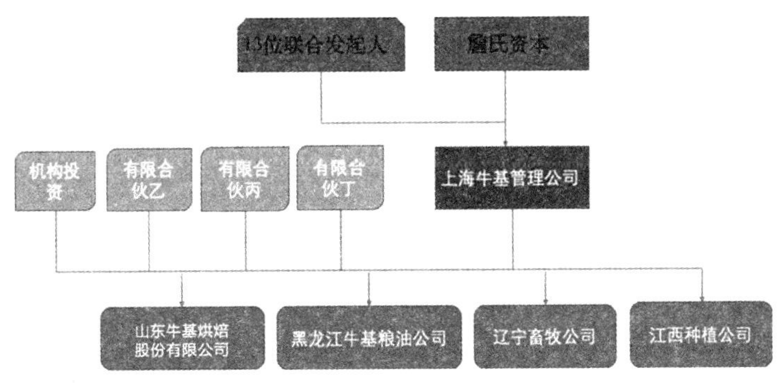

图6-4　牛基项目顶层设计示意图

该项目顶层设计，主要分为三个层面：

第一个是控制层面。顶层封闭，由创始人控股，和其他创始合伙人成立上海牛基品牌管理有限公司，负责统筹未来公司所有投资、控股、参股、管理与食品安全产品相关的业务，并共享其中收益。

第二个是业务层面。山东牛基烘焙股份有限公司作为项目运营公司，负责整个烘焙项目的具体运营，在未来5年负责发展1万家街边店和5万家社区店，是整个牛基项目的核心，也是将来要在资本市场上市的项目公司，该项目的运营成功将带动其他板块的成功。

第三个是推广层面。山东牛基烘焙股份有限公司作为项目运营公司，由上海牛基品牌管理有限公司做 GP（普通合伙人）发起成立济南牛乙基合伙企业、济南牛丙基合伙企业、济南牛丁基合伙企业，一起持有山东牛基烘焙股份有限公司的股份，在未引进投资人的情况下持股比例为：上海牛基品牌管理有限公司持股 51%，济南牛乙基合伙企业（有限合伙）持股 25%，济南牛丙基合伙企业(有限合伙)持股 14%，济南牛丁基合伙企业(有限合伙)持股 10%。其中济南牛乙基合伙企业（有限合伙）是为会员客户股权众筹设计的。

牛基店的定位是为社区居民提供安全食品，用股权众筹的方式让消费者、社区居民成为项目合伙人，会更利于项目的发展。这些消费投资人可以享受收益和股东身份，但不直接参与公司的经营。牛基店开业时，会招募储值会员，在会员的基础上发展会员股东，该部分会员股东价格都是 2 万元一份，在不同时间节点加入，所占的股份比例会不同。

济南牛丙基合伙企业（有限合伙）是为创业伙伴和供应商等想参与项目投资的、有一定资源的投资人设计的持股平台，该部分会员股东价格都是 10 万元一份，在不同时间节点加入，所占的股份比例会不同。

济南牛丁基合伙企业（有限合伙）是期权池，是将来用于经营团队股权激励的持股平台。

★ 成果

经过一年多的筹备和精心设计，第一家牛基店于 2016 年 3 月 12 日正式开业，第二家牛基店于 2016 年 6 月 1 日开业。

到截稿时，牛基已开业的街边店 25 家，社区店 15 家，正在装修的街边店 6 家，正在装修翻牌 15 家烘焙店。目前招募储值会员 1 万余人，会员股东 200 余人，还有部分创业伙伴、供应商投资人若干。

牛基项目通过创始合伙人投资、会员股东及创业伙伴和供应商募集的资金用于牛基店的基础发展，在规模达到一定数量、完善了公司治理结构、管理机制、培训体系建设及具有在资本市场融资的能力时，会启动资本市场融资，通过增资扩股的方式引入机构投资人，走向资本市场，进入快速发展轨道。

牛基项目通过合理的顶层设计，整合了行业内的优秀人才，也为公司未来的发展指明了方向。另外，通过项目公司有限合伙企业的结构设计，整合了会员股东和创业者。好的股权设计既要能吸引人才留住人才，又要为未来发展预留好空间，这是企业发展基业长青的基因。

（案例作者：泰山管理学院讲师　张靖）

第七章

用股权解放老板

永续经营之道是每个老板都希望得到的，就像古时候练武之人都想得到上乘的武功秘籍一样。而股权就是老板的秘籍，通过股权设计可以彻底解决老板和与其利益相关的生态群体之间的利益共享和风险共担问题，并可以有序传承，永续经营下去。

永续经营是每个老板的终极梦想，然而却并不容易实现。我们也都学过让企业基业长青的理论，思考过如何让企业做到恒久不衰，却似乎无法打破短命的魔咒，跨不过那一道道的坎儿。老板们也都如履薄冰，战战兢兢，承受着各种压力。那么，问题到底出在哪里？有没有更好的解决方法？

老板为什么在做员工该做的事

老板真正应该关注的是组织的顶层设计、系统建设、团队建设以及战略和方向等，但是现实中大多数中小企业老板却在做员工该做的事，比如跑业务、拉关系等，无暇顾及老板该做的事情，导致老板职能缺位。老板之所以会去做员工该做的事，通常都是因为员工没有积极性，不愿意多干活，不作为或者做不好。

从人性的角度，我们无法回避人性的自私，每个人都不愿意给别人多干活，而愿意给自己多干。给别人干活，能少干就少干；给自己干活，能多干绝不少干。显然，员工的积极性取决于他是在给谁干活。

老板和员工之间天然是一种对立的关系。因为企业的风险由老板一个人承担，如果企业死掉，老板承受不起，所以，老板没有退路，只能全力以赴去做，而员工却可以一走了之，另谋高就。这就注定了老板和员工对待问题的态度是不同的，员工的本能是去找借口，老板的本能是去找方法。所以，老板需要解决的问题是调动员工的积极性，并且把企业的利益和风险与员工个人的利益和风险捆绑在一起，让员工和老板能够有福同享，有难同当。

从下往上看，如何统一风险和利益

那么，如何才能把企业与员工个人的利益和风险捆绑在一起？如果是在组织内部从下往上看，那么，对不同的群体会有不同的做法，在不同的阶段也有不同的做法。

第一种方式是建立自主经营体系。对普通的中、低层员工来说，只要从经营层面建立一种自主经营的体系就可以满足他们“给自己干”的要求。比如韩都衣舍的小组制、稻盛和夫的阿米巴经营，都是从经营层面上的开放让员工给自己干，自己干了自己分，多干多分，少干少分。这种方式足以调动起每一个员工的积极性和主动性，但是这种方式的缺点是满足的仅仅是员工的眼前利益，是一种短期的利益共享，企业的风险还是老板一个人在承担。

第二种方式是实施股权激励。对于更优秀的人，比如公司高管，他们有更强的能力和更大的贡献，也就有更高的需求，仅仅让他们自主经营还不够，还要尝试用股权激励，挖掘他们蕴藏的潜力。股权激励本质上分的是增量而不是存量，是老板带领弟兄们把蛋糕做大的那一块儿，不是老板原有的股份，所以带来的结果是双赢的。股权激励可以弥补自主经营体系的不足，除了能满足员工的眼前利益，还能满足他们对未来利益的共享，所以员工积极性更高。

第三种方式是搭建内部创业平台。对于更优秀的、有创业潜质和老板梦想的员工，企业就要搭建一个内部创业平台，给他们一个可以释放自己潜能的出口，让这些人彻底给自己干，做自己的事，帮助他们实现创业梦想，留住顶尖级人才。不然，这些人出去就会成为老板的竞争对手，比如从小霸王出来的段永平把OPPO和vivo做到了全国手机行业最前列。2019年上半年，OPPO和vivo在国内智能手机市场的销量分别排名第二和第三，占市场份额分别为18.6%和18.5%。

管理的最高境界是管理比自己厉害的人。如果能用好这样的人，绝对会给企业带来不可估量的发展，但是，你要有能留住他们的平台。现在很多企业都在为这样的人才搭建平台，比如海尔的内部创业孵化模式、台湾王品集团的狮王计划、韩都衣舍的孵化器等。

搭建好内部创业平台，老板基本上可以实现一个梦想，那就是在老板退休甚至百年以后，企业不会因为失去一个灵魂人物而死掉，而是会因为平台的存在使企业不断注入新生的血液，持续保持着生机。

第四种方式是开放外部创业平台。社会是开放的，竞争也是开放的，如果不能和社会上更优秀的人合作，他们就有取代你的可能。如果一个组织自封闭运行，其能量是有限的，能量耗尽就会死掉，而一个城市的持续存在，却是因为其开放性，这是一个很有趣的案例。也就是说，一个组织必须不断接受外部的能量进入才会永远运转下去，就像发动机不加油会停止运转一样。所以，当企业做到一定阶段时，也要考虑吸引社会上优秀的人才，为这些人才搭建创业平台，让他们在你的平台上实现创业梦想，成为你的合伙人。你的合伙人越多，敌人就越少。

一旦一个企业搭建好外部创业平台，就会不断有社会上的能人进来，当外部资源主动来合作时，企业想不发展都很难，就像百川归海，海水永远不会干涸一样。

从组织内部往外看，与合伙人合作更优于一个人

每个人都有各自的优势和擅长，几个人在一起合伙更容易发挥每个人的优势，优势互补，使创业成功率提高，而且现在是“人和”时代，人越来越重要，所以很多人在初创企业的时候喜欢找人合伙。老板和合伙人之间，天然是一种信任的关系，同时因为利益共享，风险共担，管理成本低，合伙人制越来越被业界看好。无论是实施股权激励还是搭建内部创业平台，或者是开放外部创业平台，都是在寻找合伙人，建立合伙人制。合伙人相对于普通员工来说，更优秀，更有能力，老板和这样的人在一起合作，自然就会比凡事一个人扛要轻松。

从现在往未来看，股权是长效的

如果你是大股东，企业做得也成功，那么就要考虑如何把企业传承下去，永续经营。企业传承最根本的是股权传承，也就是控制权传承。按照传统的逻辑，老板会把股权传给自己的孩子，但是这种传承要考虑背后隐藏的风险，特别是现在已经放开二孩生育，不再是每个家庭只有一个孩子的情况下。如果直接把股份分给孩子们，股份就会被稀释，家族的控制权就会分散，很容易引来外敌入侵。外来者会利用孩子们之间的矛盾，联合其中一个孩子就能让控制权旁落。最好的传承模式是家族股权信托，股权不分割，委托有能力的人掌管你的企业，同时你的家族来监控自己的企业。

家族股权信托解决的是控制权问题，如果经营权、决策权还是在一个人身上，企业还是面临着风险。一个企业最可怕的就是把未来放在一个人身上，因为个体受智慧、能力等各种条件所限，是不可靠的，可靠的是团队和系统。所以在老板传承之前，必须建立起一个完善的、可靠的决策和运营体系，让企业的发展不再依赖哪个人，而是依赖这个体系，再结合家族股权信托去传承一个企业，才算是完善的交接。而决策和运营体系的建立，从更深

层面去理解也和股权相关。越早分股权给团队，让大家越早都给自己干，就越早会完善治理结构，越早形成相互协作又相互制衡的团队和系统。

也就是说，从传承的角度来看，股权既能解放眼前的老板，也能解放未来的老板。

从左往右看，通过股权可以建立生态链

如果用流程图来表示企业的价值链，一般都从左往右，依次是采购、生产、销售，最难的其实是销售。企业都非常关注如何把企业做强、做大。对上市公司来说，最好的模式是用股权收购、并购，通过增发股份，用股民的钱实现对被收购企业的控股。对没上市的企业，一样可以用股权扩张，只是方式不同。比如企业和经销商合作，很容易陷入各自为维护自己的利益而相互伤害的困境，而如果企业能给经销商股份，特别是企业将来上市时给经销商股份，经销商就会很开心，就会和企业站在同一个利益的基点去考虑问题，就会和企业很团结，这样的话，企业的价值链条就形成了一个生态链。最典型的是业绩股份，比如每订1000万元的货，企业给经销商10万股的股份等。这样通过股权建立起一个庞大的利益链和生态链，就进入了一个有序、健康的循环了。

站在老板的高度看股权

对股权的正确认识和正确运用能够给企业带来意想不到的全方位的收获。通过股权设计可以彻底解决老板和与其利益相关的生态群体——员工、合伙人、股东以及经销商之间的利益共享和风险共担的问题，让每个人各司其职，各归其位，各尽其责，内心坦然，不局限于眼前的利益得失，既共享现在的利益又共享未来的利益，并且可以有序传承，使企业永续经营下去。所以，老板要真正站在老板的高度去看股权，看透股权背后的逻辑，掌握股权的相关理论并运用到实践中，利己的同时也在利他。

第八章

用股权统一人心

利益不统一则人心不统一。

个人利益和公司利益的冲突、近期利益和长期利益的冲突是管理中遇到的最根本、最底层的问题，而股权是解决这些问题的有效的方法之一。

人心善变，尤以今时今日更甚。然而《孙子兵法》云：“上下同欲者胜。”如果人心不齐，各有各的打算，要带领这样的组织做长久就会很难。

没有一致的利益难有人心的统一

人心不齐是因为利益不一致。人与人之间的矛盾也多源于这种不一致。现实中我们每天都浸泡在这种一致与不一致的纠葛当中，比如曾经毫不相干的两个人组成家庭以后，因为共同目标而心向一处，即便有矛盾也会因为终极目标的一致而积极化解，相互妥协，一致对外；而一旦分道扬镳，不互相伤害就很好了，因为这时他们是在考虑各自的利益最大化。公司就不同，公司的每个成员是怀揣着各自不同的预期走到一起的，试探、观望，以能够达到自己的最大预期为目的，达不到就会走人，而老板想什么以及公司发展如何都与他无关。

传统的组织模式，老板和员工之间是雇佣和被雇佣的关系，利益的关注点是不一样的。员工只有工资和奖金，公司挣多挣少和员工没有什么关系，挣多了老板也不会多分给员工，挣少了老板也不敢不发工资给员工。员工只关心分在他自己碗里的东西够不够分量，至于锅里还有什么、还有多少，他不管，也管不着。这种利益的不一致就导致了不同的行为表现，比如，员工每天只工作8个小时，而老板恨不能一天24个小时都用来工作；遇到问题或者困难时，员工本能地会找借口不去做或者推责任，老板则是本能地去找方法解决问题；甚至在企业面临倒闭的时候，员工可以轻松地转身离开，而老板却无路可走，只有独自承担。

另一方面，因为信任的基础是双方利益的一致性，所以，当利益不一致时，老板和员工之间就很难有信任，不仅语言显得苍白，而且即便把心掏出来，员工也未必会信，而没有信任，相互之间也如同隔皮猜瓜一样，猜不准各自的心，要统一就更难。

人心不能统一，归根结底是因为利益不统一，那么，先解决“因”自然就会带来“果”。有一句话叫“钱在哪儿，心在哪儿”，这个世界上人们能看到的最真实的东西就是钱，所以，我们可以尝试用钱这个实实在在的工具把大家拴在一条绳子上，自然就会达到人心的统一。

用股权统一个人利益和公司利益

相信大家都看过这样一个段子：新媳妇过门前一天看见新郎家有老鼠出没，就只是看热闹，洞房花烛之后再看到老鼠就是穷追猛打，怒斥老鼠偷吃她家粮食。这个段子诠释的就是利益一致人心才会一致这个道理。

在公司，如果个人利益和公司利益不统一，作为个体就会本能地只关注自己那一块儿，表现上就是到点儿上班，到点儿下班，没有创造力、主动性和责任心，这是最让老板头痛的。怎么办呢？最好的办法就是用股权把个人利益和公司利益统一起来，可以采用自主经营的模式和干股激励的模式。

自主经营的模式就是把经营权分一部分给员工，让每个自组织（小组或者部门）自主经营，共享其收益，而不是只有工资和奖金。这样就把公司的利益和自组织的利益匹配起来，让每个人都在为自己做，本质上也是在给公司做，比如稻盛和夫的阿米巴经营和韩都衣舍的小组制就都是这种模式，还有二十世纪八十年代开始在中国农村推行的家庭联产承包责任制，也是把土地的经营权放给农民的模式。

干股激励是根据业绩共享公司的利润，让关键人员享有股权对应的分红权，晋商的身股就是这样一种分红权。在干股激励的基础上还有更好用的方法是增量激励，就是把比上年增加的利润拿出来大部分分给员工，没有增加时就不分，这样会鼓励大家关注公司发展，创造更多价值。

不管是自主经营的模式还是干股激励的模式，都非常简单好用，因为不需要变更章程。这些模式作为股权激励的第一步，可以积极去尝试，尤其是针对分支机构、门店、短期项目。但是这些模式最大的缺陷是只能统一利益，不能共担风险，亏了还是公司的，一旦遇到外部环境有重大变化导致公司亏损时，员工不仅不能和公司共担，还会选择离开。所以只可以在短期内使用，不可以长期使用，特别是对关键的核心人员，不仅要能共享利益，还要能共担风险，因为所有风险都由老板一个人承担，对公司的长远发展并不是好事。

用股权统一近期利益和长期利益

不管是自主经营还是干股激励，都只是侧重于统一近期利益，不能和未来挂钩，但是那些核心人员特别是高管，他们更关注未来，如果看不到未来，他们会感觉不踏实。而且如果只有近期利益，没有长期利益，也不可避免会出现一些涸泽而渔式的短期行为。所以就要考虑在自主经营和干股激励的基础上再增加一部分，让他们看到未来。

增加的这一部分，可以使用虚股激励、期权、股权认购、股权众筹等方式实现其享有对应股份的未来的增值权，这样就把公司和个人的未来的利益统一起来了。从另一个角度看，也是把近期利益和长期利益统一了起来，因为收益与付出有时间差，尤其是那些长效性付出。虚股到一定阶段可以转成普通股，也可以不转，转或不转都能实现近期利益和远期利益的统一。但是期权、股权认购、股权众筹这些方式最大的缺点是需要修改章程，比较麻烦，而且不小心碰到小人的话，也会带来一些无谓的痛苦和消耗。

远期利益一定要和业绩挂钩，特别是增量业绩，如果没有增量，虽然有股份，也还是没有对应的分红权。和业绩挂钩可以让他们既有安全感，又有使命感，既能鼓励他们不得不拼命为公司创造价值，又能防止他们偷懒、坐享其成。

近期利益和远期利益的统一主要是针对核心层，当他们把青春奉献在这里，公司是应该让他们看到未来的，但是这需要一个过程，需要在公司成熟的时候再采用这种模式，刚开始可通过代持干股或者经营权共享去做。

统一了利益就会统一人心

当公司和员工之间的利益高度一致时，统一人心就是水到渠成的事情。

当利益一致时，信任就有了基础，老板和员工之间就很容易建立起信任。信任是管理的基本要素，有了信任，沟通会简单很多，沟通成本也就降低了，效率也会提高，在这个基础上推行组织的扁平化，去中心化，也会相对容易，公司的文化建设也会变得简单，这一切都源于利益的一致性。

当利益一致时，也很容易实现员工特别是高管和公司之间的共创共享共担，让每个人发自内心给自己做，把曾经的不可能变成可能，变成人心所向，不再需要那么多监督，不再有损公肥私的不道德行为，每个人都知道伤害公司也是伤害自己，关注公司就是关注自己。

在越来越看重物质利益的今天，想要公司真正能够众志成城去做事情，那就先用股权把利益统一起来，然后再考虑人心的统一。当人心统一起来时再去为社会创造财富，创造的就不仅仅是财富，还有文明。

PART 03 第三部分

分配好股权让老板有主动权

能否做好股权分配直接关系到创始人的命运，关系到企业能否健康发展，甚至关系到企业的生死存亡，在普罗大众都知道股权的今天，作为老板更应该学会分配股权，利用好股权分配在企业发展中的价值，让自己对企业的发展有主动权。

第九章

重新认识创始人的价值

资本总是很骄傲，认为自己高人一等，但是资本忘记了，资本需要找对人去用才能完成自己的使命。

创始人是一个企业的灵魂，要学会保护自己，资本要和创始人通力合作才会共赢，倘若贪婪，可能就是两败俱伤。

控制权争夺中的投资方和创始人

葛文耀和平安信托之争，吴长江和王冬雷以及曾经的阎焱之争，都是在中国的公司法框架之下围绕着公司控制权的争夺，投资方、创始人或创业团队都为了自己利益最大化在进行争夺。

为了各自的利益走在一起，又为了各自的利益分开，从这个层面上来看，双方并没有什么对错可言。但是，背后有一个规则应该引起我们的重视，那就是这种控制权的争夺是在中国的公司法框架之下进行的，中国的公司法对企业特别是对股份公司的规定有一个基本的前提就是同股同权，在这样的法律框架下的争夺，通常失败的都是创始人或创业团队。因为就同股同权来说，肯定是出货币资本的投资方是大股，而出人力资本的创始人或创业团队是小股，因为他们没有货币资本或者货币资本很少。所以在这个规则之下的游戏，通常是资本方占上风，而创始人或创业团队占下风。

创始人是公司非常宝贵的资产

以美国为例，那些在全球非常有竞争力的公司，特别是引领商业前进方向的公司、受人瞩目的公司，基本上都是创始人一直在领导的公司，比如Facebook、特斯拉、Google、微软等，而创始人退休了或者被拿掉的公司，比如IBM、惠普、苹果，都逐渐失去了创始人在的时候的活力和竞争力。苹果公司也曾因为乔布斯的出局一度低迷，如果苹果公司不把乔布斯再请回来，肯定不会有后来的辉煌。所以创始人对一家公司来说是一项非常宝贵的资产，创始人的作用远远超过投资人资金的注入为公司带来的作用。

保护好创始人，认识创始人的价值，不管对资本方还是对创业团队，都非常重要。在资本意识比较发达的国家，规则往往是比较灵活、比较人性化的，允许同股不同权，既兼顾了资本利益又兼顾了创始人的价值。创始人可以通过表决权的放大，保护自己对企业的控制权，保证自己在企业中引领企业发展的权力，比如在世界范围内被广泛应用的双重股权结构，创始人的1股股票在投票表决的时候可以相当于10股甚至20股。百度在美国上市就采用了类似的牛卡计划。这样的股权设计就是充分认识到了创始人的重要性，对创始人进行的保护。

创始人如何保护自己

创始人要明白，资本的属性决定了它的行为就是低买高卖，赚取现时的利益。资本对企业不会真正有感情，对资本来说，企业只是一个获利工具而已，所以做实业的人最好不要让资本方控股，而是要创始人最起码有否决权，否则资本方肯定会拿你的企业当“猪”卖来获利。相反，创始人却是既要现在又要未来的，因为企业就像他的生命一样。

作为创始人，一开始就要意识到自己对企业的价值，学会保护自己，而不是在缺钱的时候慌不择路，轻易把控制权拱手让人。有这样几种保护自己的方式可供参考：一是在股份稀释或者不得不稀释的时候，要增加自己对公司的控制权，比如创始人可以把股份卖给别人，但是一定要要求对方把投票权委托给自己；二是通过设计规则，人为增加在董事会的席位；三是设计双重股权结构。但是如果是股份公司，这种方式在中国的公司法框架下不大容易实现，因为我国公司法要求股份公司同股同权，而对有限责任公司没有这样的要求。也就是说，对有限责任公司来说相对比较宽松，创业团队可以尽可能地保护自己。

投资人要让创始人安心

投资人也要意识到，作为资本方，更多的是一种养猪获利的心态，把猪养大可以赚钱了就会把它卖了。所以投资人对公司是没有感情的，有的仅仅是逐利心理。真正对公司有感情的还是公司创始人。在这个前提下，投资人一定要有意识地保护好创始人和创业团队，让他们在这家机构中有充分的安全感，有了安全感之后，他们才有精力、有心思带领这家公司走得更远、更久，投资人才有希望得到最大化的利益。最大化的利益并不意味着必须抱着公司的控制权才能获得。

那么，要怎么做才能给对方安全感？比如，创始人或创业团队股份很少，像吴长江的股份才2.54%，很简单，就是投资方让创始人或创业团队在董事会的席位可以超过1/3，让他们有一定的否决权，他们就会感觉踏实，不会搞小动作损害公司利益。同时，投资方可以再给他们股份期权，让他们还有机会增持他们的股份，最好他们的股份也能达到1/3以上，这个时候创始人就会感觉很安全了，就不会侵害投资者的利益。

很多时候，我们往往只关注结果，而不关注原因，所以很难真正解决问题。找对原因才有可能解决问题。所以我们不要考虑对方做了什么，而是要考虑一下对方为什么这么做；不要考虑如何应对结果，而是要考虑如何解决产生不和谐问题的原因。

投资人要考虑的是，在投资人主导的情况下，是不是可以设计一个双赢的规则。比如吴长江，股份很少，是弱势的一方，他是不可能来主导设计规则的。而作为投资方，却有足够的权力空间去主导建立这个规则，设计一个双方共赢的体系。双方合作，强者更强、弱者更弱并不意味着自己就是强者，让弱者变强、强者还强才是真强，那是真本事、真胸怀。

需要警醒的两部分人

明清时期，晋商之所以可以称霸天下，与其独特的股份制有关系，有钱的人出资占银股，没钱的人出劳力占身股。社会发展到今天，有钱的人有股份，没钱的人就不能有股份，不能不说是一种倒退，这也是对人力资本不尊重的一种体现。

针对频繁的控制权争夺，有两部分人需要警醒：一是企业外群体，这部分人要知道，这种游戏规则对创始人团队是不公平的。二是当事人群体，这部分人包括创始人团队和投资方。作为创始人团队，要意识到在这个过程中要去争取权利，而且要知道如何去争取；作为投资方，也要明白，自己就是为逐利而来的，不会和这家公司白头到老，既然是这种情况，就别去做坑死别人的事，还要留给别人生存的空间。

合作需要理性和妥协

创始人和投资人之间是一种相互依存的合作关系，而不是你死我活的敌对关系。不管怎样的合作，对创始人和投资人来说都要把握一个度，都需要磨合和妥协，而不是以各自利益为驱动，互不相让，甚至暴力相向。

什么叫文明？什么叫野蛮？文明就是双方妥协的一种结果。野蛮就是一方用暴力战胜另一方，是暴力相向的结果。在我们这片土地上，公司治理没有一个成熟的文化和基因传承，环境也有缺陷，单纯以利益为驱动就会带来很多问题。

真正意义上的合作其实是双方相互宽容、相互包容、相互妥协、一起进步的一个过程，在这个过程当中双方都要有足够的忍耐和理性，没有必要一有问题都往最坏处想，并且诉诸武力，或者破罐子破摔，互相揭短，搞得两败俱伤。

第十章

没有控制权就没有未来

创业者保证自己在合作中的主动权是对自己辛苦创业的尊重，是创业者实现自己理想的保证，也是企业可持续发展的必要条件。企业能够持续发展，才是对合作各方最好的回报。

老板要掌握主动权

初创企业的老板往往会因为对股权分配的一知半解，或者碍于面子，或者出于骨子里的江湖义气，忽视人性的两面性，或者不了解人在不同的阶段想法是会变的，而使自己在合作中失去对自己所创企业的主导权、控制权，给别人做了嫁衣或者给别人养了孩子，自己辛苦打拼的企业到头来却不能自己说了算。这种结局是每一个创业者都不愿意看到的，现实中却常有这样让人窝心的例子。

无论什么时候，都不能抛开人性去想象一件事情的走向，特别是涉及各自利益的时候。人性中不可能都是美好、善良和利他的，贪婪和自私是谁都绕不开的天性，生命的旅程就是人性中善与恶、利他与利己的交锋与博弈。正是因为纷繁复杂的社会和人性，所以才有必要设计出好的制度来扬善抑恶，让制度来保证人能走在人性美的道路上。

在创业合作中，牵扯最多的就是利益和权力，所以更需要根据人性原则来设计合作的方式和步骤，保证自己在合作中的主动权，只有这样，才能既利己又利他，这也是社会所需要的。通常可以采取的方式有：先成立公司再找人合作、先成立公司再找投资人、利用股份期权等。

先成立公司再找人合作

现实中，往往有人在准备成立公司的时候就拉人入伙，感觉这样心里踏实，一是不至于孤独，二是资金有保障。如果采用这种方式，创业者就会本能地认为需要两个人平分股份，或者给合伙人至少49%的股份，不然会于心不忍，或者感觉面子上过不去，而合伙人也会认为自己理所应当要拿到一半的股份，如果给少了，就会胡思乱想，埋下隐患，合作的基础不稳，创业者很容易失控。这是最糟糕的一种股权结构，具体可阅读本部分第十一章《做好股权设计，合理分配股权》中对“两人合伙，忌股权均分”的论述。

如果创业者在公司成立两三个月或者更长时间以后再找合伙人，那么同样的投资额度，让合伙人占30%或者20%的股份，并让合伙人担任副总等，合伙人就比较容易认同，这样，合作的基础就相对稳固，创业者也比较容易始终保持控制权。

先成立公司再找投资人

如果是“草根”出身的创业者找投资人合作，投资人就会本能地要求按出资比例占股份，这样创业者的股份就会很少。这种局面，虽不是出师未捷身先死，却也够悲壮，还没开始就注定了控制权被别人掌握，成就的是给别人做嫁衣的结局。所以找投资人要找准对自己最有利的时机。

现在新的公司法规定可以资金不到位就成立公司，所以创业者完全可以先自己出资把公司成立、运作起来，运作几个月以后，公司初具规模了，再找投资人，这时是比较好的时机。这个时候就可以把自己现有的技术、团队、商业模式包装一下，或者让专业机构做一个溢价评估，把公司溢价几倍，比如注册资本100万元的公司，因为这几个月的运作就可以溢价到几百万元甚至上千万元，这时再拉投资人入伙的话，创业者也是可以占据主动权的，这就是简单的引进风投的方式。

利用股份期权回收控制权

如果创业者能出的钱很少，而没有资金就不能开业或者公司运转不起来，这时创业者就只能让出控制权，找到外部投资人，这属于被迫失去控制权。但是这种情况基本上是投资人只出钱不干活，而创业者又出钱又干活，双方对公司的贡献和情感都是不一样的。

针对这种模式，建议采取股权激励中的股份期权模式，约定公司经营达到一定规模的时候给经营者（创业者）一定比例的股份作为激励，一般可以通过转让、增发、预留股份的方式来实现。比如公司的资产每增加一倍或者两倍，创业者的股份就要增加5个点或者10个点等，这样做，投资人也不会吃亏，因为资产增加了一倍，才拿出5个点给创业者。这样，创业者就可以通过对公司的经营慢慢回收控制权，当公司发展到一定阶段时，创业小股东就可以控股，以保证公司的发展在自己的掌控之下，不至于偏离轨道。

但是，股份期权的模式一定要事先约定。一般情况下，投资人做这种创业投资，期望值不会太高，一开始谈股份期权比较容易谈成，一旦公司做大，再去谈多给你一点股份就很难了，这个时候再做任何的约定都已经晚了，很容易陷入纷争，这是资本的天性和人性的贪婪使然，如果事先约定则比较容易避免。否则，很容易形成一种比较尴尬的局面，那就是不懂经营的掌控着公司，懂经营的却没有控制权，这势必影响公司的发展，甚至会让公司很快倒闭。

非合伙人、投资人原则上不给股份

还有一种情况是和创业者合作的不是合伙人、投资人，对这些人怎么给股份也应该格外理性，不要碍于面子乱给股份。

刚开始成立公司的时候，无关紧要的人原则上不要给股份，创业者要把握一个原则，不能和自己白头到老的都不要给股份，否则会给以后带来很多不必要的麻烦。比方说你请了一个顾问，或者请了一个帮忙的人，给公司提供了一点业务，这种情况可以给一点顾问费，或者可以给一点干股，心意足够就可以了。还有一些跟你一起创业的老员工，刚开始不能确认他们能力如何的时候，也不要急于给股份，先等等，等一年、两年都不迟。有些人一开始你看不透他，所以不要轻易给股份，给了他股份，万一他不辞而别，他的股份就没法处理，会非常麻烦。

创业者掌握主动权可以利己利他

创业者要保证自己在合作中占有主动权，表面上看是一种利己的行为，实际上是利己又利他的。保证自己在合作中的主动权是创业者对自己辛苦创业的尊重和实现自己理想的保证，也是企业可持续发展的必要条件，同时根据人性的本质设计的规则也会让相关的人和事在合作中不仅能够得到足够的利益保障，还可以理智认识自身的价值，不会过分膨胀私欲，产生不必要的内耗、纷争。

企业能够持续发展，才是对合作各方最好的回报，否则，任何看似讲义气和公正的形式都只是皇帝的新装。

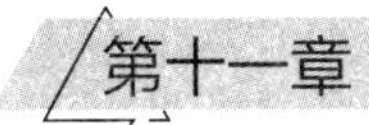

第十一章

做好股权设计，合理分配股权

初创企业的股权结构，不能高度分散，也不能高度均衡，任何时候都要有核心股东掌握组织的控制权，这是最基本的游戏规则。

股权分配决定权力分配

俗话说："生意好做，伙计难搭。"现实中因为合伙做买卖而出现的矛盾大多源于权、利的纷争，这是人性中私心的本能表现，但是我们完全可以通过设计游戏规则来约束私心的膨胀，让私心得到恰到好处的满足，更重要的是让生意更好做。

一个公司的股权分配直接决定了其权力的分配，而权力的分配直接关系到公司的决策和运营，所以在创业初期，如果有合伙人，一定要设计好股权结构，避免因股权结构设计不合理导致权力分配不合理，带来各种利益纷争，影响公司发展。但是中国民营老板大多没有这个概念，他们太看重情分，看重面子，看重眼前，没有长远、系统地看待股权分配的重要性，往往一个不小心就会铸成大错。

两人合伙，忌股权均分

当年黄光裕与陈晓之间对国美控制权的争夺、真功夫两大股东之间的股权纠纷，都是因为股权结构设计出了大问题。能把企业做到国美、真功夫那样的规模，却玩不转股权结构设计，可见股权结构设计并不像我们想象的那么简单。股权结构设计其实也是对一个创业者智慧、眼光和胸怀的考量。

真功夫创始人蔡达标和潘宇海，两个人共同创业，各占50%的股份，刚开始，两个人各自发挥特长，兄弟齐心，合作得很好。但是随着公司的发展，两人开始产生分歧，对公司的控制权也产生了微妙的心理变化，尤其是蔡达标和潘敏峰婚变以后，蔡达标打算优化股权结构，就引入了两家风投，，结果矛盾激化，两大股东之间围绕着股权问题展开了你死我活的争斗，演绎了一场人间恩怨情仇的悲惨闹剧。这样的争斗，不论谁输谁赢，都是代价惨重。

两人合伙创业，平分股份，从眼前的人情来看似乎是最好的，但是从股权分配来看却是最差的。两个人股份对等，权力对等，谁都没有最终的决策权。这种高度均衡的股权结构，最容易出现矛盾而发生控制权的争夺，因为两个人不可能永远意见一致。

任何一个组织都需要一个核心人物来引领，所以两个人合伙创业，一定不要出现各占50%股份的情况，而是要一大一小，一强一弱，比如80%对20%，70%对30%，或者60%对40%，这样才能保证一个核心股东的地位，一切才会有序，公司才会健康发展。

两人合伙，不可避免也会有两个人都很强的情况。这时候两个人一定要能够高度互补才行，比如一个外向、一个内向，或者一个懂技术、一个懂管理，就像夫妻两人，一个主内，一个主外，这样内外互补，家就会很和谐。潘石屹和张欣就把这种互补做到了极致，潘石屹擅长商业谈判、销售，张欣擅长建筑艺术、空间设计，他们各自发挥专长，共同打造了SOHO中国这样一个商业地产帝国。对这样的互补合作，潘石屹说过这样一段话："找公司合伙人，不要一个班的同学，你会的他会，你不会的他也不会，这是败笔。做合伙人最重要的是要互补，这才是一个好的合作基础。我老婆是海归，我是土鳖，她从西方来，我从西北来，所以，完全不一样，我们就互相看对方的长处。"

多人合伙，核心股东要占大股

在《中国合伙人》这部影片里，我们看到3个合伙人的股份分别是成冬青51%、孟晓骏25%、王阳24%，成冬青的股份大于孟晓骏和王阳的股份和，即第一大股东的股份大于第二、第三股东的股份总和，这是3人以上合伙时比较理性和稳固的一种股权结构模式。正是在这种股权结构下，这3个人不管怎么冲突，怎么闹得不可开交，始终没有散伙，最终成就了“新梦想”的成功。

当股东人数有很多时，比如有5位以上，可参考的原则不仅是第一大股东的股份要大于第二、第三股东的股份和，第一大股东的股份同时还要小于第二、第三、第四股东的股份总和，这样才不仅会使大股东安全，还会使小股东也感到安全，相互约束，不能胡来。也许有人会问，这样的安排会不会有第二、第三、第四股东联合起来对抗第一大股东的可能？会有，但是如果这种可能变成现实，那么这个第一大股东的能力就真的值得怀疑了。

腾讯公司在初创的时候，马化腾和张志东等5个人共同出资50万元，马化腾出资23.75万元，占股份47.5%，不到一半，马化腾的观点是“要他们的总和比我多一点点，不要形成一种垄断、独裁的局面”。同时他又要占大股，因为他认为“如果没有一个主心骨，股份大家平分，到时候也肯定会出问题，同样完蛋”。腾讯能够度过艰难，发展到今天的规模，不能否认其合理的股权结构所起到的助推作用。

股权原则，保证核心股东控制权

初创企业的股权结构，不能高度分散，也不能高度均衡，任何时候都要有核心股东掌握组织的控制权，这是最基本的游戏规则，也是中小企业能从小做到大的最关键的一步。

中小企业创业的时候往往不大懂游戏规则，基本上是一种草莽式的创业，不知道套路和规范，很容易犯错，这时核心股东掌握组织控制权就显得特别重要。因为只有这样，才能在将来的发展过程中有完善和修正的空间，如果没有控制权，一旦发现有错误，就会连改正的机会都没有，这对初创企业来说是非常致命的。不能纠正错误，企业就不能健康发展，就没有未来。

所以中小企业在初创期特别是治理还不规范的时候，做股权结构设计一定要关注核心股东对组织的控制权，只有这样，核心股东才能掌握企业的命运，让企业从初创起就带着能健康发展的基因。

案例分享

股权结构要适应企业的发展

每个人都会发现，不断有企业在退出舞台。不同的企业有不同的股东和股权结构，在不同的发展阶段，如果不能适应社会、市场和企业的发展变化，就会影响企业发展，甚至被淘汰出局，断送企业的未来和自己的未来。就如同人长大了，脚变大了，需要换大号的鞋子一样，走新路不能穿旧鞋，股权结构也要适应企业的发展。

★　公司发展了，合伙人却分手了

我身边有一家从事无机材料加工和销售的公司，为了保护其隐私我在这里以“张三公司”称之。张三公司注册资本100万元，有A、B、C 3个合伙人，分别出资40万元、30万元、30万元，很明显，股权结构是4∶3∶3，这并不是一个很好的股权结构，但是创业者一开始很难意识到这个问题。

这3个合伙人各自的优势非常明显：A曾在国企从事无机材料的生产、技术和销售十几年，经验非常丰富，是国内少有的人才，而且家族比较大，在当地有一定的资源和资源整合能力，具备创建加工企业的一切条件。B是某贸易公司总经理，有无机材料出口配额的获得权和支配权，而当时无机材料出口必须使用配额，并且数量和价格可浮动范围也极大，所以B对这个新公司来说非常关键，因为有了配额就意味着有了利润。C是亚洲某国驻中国的首席代表，也是中国人，C的主要业务是在中国境内采购该无机材料，掌握着下订单的权力。从3个合伙人各自掌握的资源来看，这家公司有着得天独厚的条件，想不发展都难。

事实上，这家公司在成立后的三年里，3个合伙人各自发挥自己的优势，公司的确得到了很快的发展，然而问题也随之而来。随着业务的不断发展，资金不足的问题就凸显出来，需要继续投入才能接更多的订单。但是B和

C 都不愿意继续投入，理由是他们自己不在这家公司的所在地，也都各有自己的一摊工作，担心过多的投入万一都赔进去收不回来就太亏了；而且最初的投入应该有分红却没有分，现在却要继续投入，他们认为不合适。所以 A 面临着很大的困境，如果不投入，不扩产，就无法满足订单需要。如果投入，无论 A 再投入多少，股权结构还是 4 ∶ 3 ∶ 3，不能根据增资去调整股份，A 认为不合适。就这样没有达成一致意见，A 只好选择了重新建厂，吸收新的股东注入资金进入新的企业（新厂区）。现在来看，A、B、C 3 个合伙人不能达成一致意见的最根本原因其实是他们的股权结构不合理，4 ∶ 3 ∶ 3 的股权结构，没有真正意义上的大股东，很容易造成两个小股东干掉大股东的局面。

这家公司还算是幸运的，A 没有被真正干掉，但是却因为 B 和 C 的联合不作为而阻碍了公司的发展，而 B 和 C 也因为过多关注个人利益，跟不上公司发展的步伐，作用弱化，陆续退出，合伙人关系就这么分崩离析了。

后来 A 又抓住了光伏这个发展机遇，使公司的资产过亿，而创业初期也起了关键作用的 B 和 C 两个人却没有坚持到最后，更没有获得应得的收益。

★ 企业发展了，股东要做些改变去适应

通常，企业的开创股东都具备良好的创业股东应有的条件，所以企业的起步、发展也都会很好，而且创业初期，即便是股权不很合理也不会因为股权问题影响企业发展。但是在企业逐步发展后，企业的需求会有所变化，比如企业在发展中，资金和资源整合的需要在增加，如果股东不能主动适应这种变化，或者不能及时调整股权结构来适应企业的发展需要，就会给企业发展带来相当大的麻烦，同时会让自己的作用逐步变小，越来越小，甚至和其他股东产生不可调和的矛盾，最终离开，曾经举足轻重的创业股东收获这样的结局，的确非常可惜。如果张三公司的 B 和 C 不退出公司，能根据 A 的增资或和 A 一起增资，主动调整公司股份的持股比例，那么就会与公司一起发展，当公司发展达到上亿或者上市的规模时，即使只有 1% 的股份也比原来 30% 的股份收益要大。

所以，当企业发展了，股东在企业发展中的作用也会发生变化。为了持续共享企业的发展成果，就要逐步优化股权结构，使投资多的、起作用大的股东多持有股权，或者分红时起作用大的股东多分些身股的红利，让企业稳步发展，企业受益，股东也受益。

（案例作者：山东金蒙新材料股份公司董事长　胡尊奎）

第十二章

夫妻股东如何规避风险

不管企业规模大小，如果遭遇财产分割，对公司的长久发展无疑都是一种伤害，那么如何让风险可控？

在利益面前，人性中的私欲总要抬头，私欲虽是无止境的，但是可以用好的规则来约束。

夫妻股东的风险

盘点中国那些富豪的离婚，都会因为财产分割问题影响企业的发展，一条“土豆条款”就是最直观的微缩明证。离婚在什么时候都不是一件让人愉悦的事情，如果不可避免地遭遇这样的不快，那么我们能做的就是将损失降到最低。

如果是婚后创业，即便是一个人创业，另一个人不参与，不参与的另一半也对这家公司拥有一半的所有权和分红权。如果是两个人一起创业，不管在公司里的股份是怎么分配的，其实质还是一半对一半。当公司法遇到婚姻法，公司法支持的股权分配比例无效，遵从婚姻法的共同财产均分原则。所以在婚姻稳定度不是太高的今天，婚后共同创业的夫妻应该怎么做才能更好地规避风险呢？

夫妻股东面临的风险分两个层面，一个是公司经营层面的，另一个是婚姻经营层面的。本章关注的是从公司治理层面来规避公司经营风险，至于如何经营婚姻并保持婚姻的稳定，不在本章讨论的范围之内。

控制权的约定

从创业的角度来说，夫妻一起创业是很好的，因为可以同甘苦。但是从理论上讲，这种“夫妻店”却是最糟糕的治理结构，隐含了太多的风险。在情感的面纱下，一同创业的夫妻，往往看不清背后的风险，像过日子一样不分你我，给公司的发展埋下隐患，一旦遇到问题，损失就不可避免。

夫妻股东之间最容易发生的矛盾基本上都是围绕着公司的控制权。夫妻股东对公司都付出了心血与情感，都想拥有话语权，让公司更好地发展。所以在夫妻两个人共同创业的公司里，控制权更是一种责任、一种使命，不是面子。

我见过这样一对夫妻：创业以女方为主、为先，男方后来进入。这个男人能力很弱，但是能力很弱的男人往往更在乎权力，所以他控制欲很强，凡事都要说了算，，女人就非常被动，有苦难言。这样的一种组合很难保证不影响公司里的工作，如果他们能在一开始就做好约定，就不会出现这种尴尬了。

对公司的控制主要表现在表决权上，决策的好坏会直接影响公司的发展，如果两个人都想说了算，结果是两个人谁说了也不算，会让公司僵持不能发展，甚至死掉。如果没有能力的人说了算，失误的可能性就大，同样不利于公司的发展。所以，夫妻两个人在刚开始创业的时候就要做好约定，谁有能力就把控制权交给谁，或者根据两个人对公司的贡献程度来进行约定，但是分红权不变，都是50%。比如有能力或者贡献大的那个人可以拥有100%或者80%的表决权，另外一个人没有或者只有20%的表决权。这样，两个人产生争执的时候，不至于僵持。如果因为内讧影响公司发展，肯定背离了两个人创业的初衷。所以理性看待控制权的实质还是很有必要的。

人会变，尤其是共富贵的时候。有句老话叫“共患难易，同富贵难”，为了让公司能走得更长久，最好提前做好约定并公证。这件事看似简单，做起来却是有难度的，因为夫妻两个人关系好的时候，谁也不相信将来会出问题，谁也不好意思捅破这层纸去未雨绸缪。如果两个人有一个人甘愿示弱，或者两个人虽然都很强但是能高度互补，也不存在问题。如果两个人不管能力如何，却都想说了算，就必须提前做预案。一旦错过了机会，等关系不好的时候就再也没有机会去心平气和地理智对待了。

下一代婚姻风险的规避

如果夫妻俩既很好解决了经营中公司的控制权问题，又婚姻稳定，从长远来看也并不代表公司就一定是安全的，因为他们还面临着下一代的婚姻可能带来的风险。现在这个社会，人性多元化，离婚率越来越高，如果不做任何规避，连离两次婚，估计公司就没了。

在我接触的不少案例当中有这样一个案例，孩子40多岁，接班已经20年了，还是一点儿股份没有。起初我不理解，后来慢慢理解了，是因为父母对孩子的婚姻不放心，潜在的风险使父母不敢把公司的股权交给孩子。所以，创业夫妻还面临着如何规避下一代的婚姻可能带来的风险问题，这里仅指财产被分割的风险，不涉及孩子的能力问题给企业带来的经营风险。

不管企业规模大小，如果遭遇财产分割，对公司的长久发展无疑都是一种伤害，所以及早做好财富传承的布局，合理规避风险，才是明智之举。

规避财产被分割的风险，传统的做法有几种，一种是婚前财产约定，一种是继承权约定，还有一种是股权赠与约定。这些约定需要遵循着《公司法》《婚姻法》《继承法》等法律法规的规定。

婚前财产约定，基本上已经被社会广泛接受，做个协议，公证一下就可以了。

继承权约定，一般是通过立遗嘱的方式，遗嘱约定公司股权由自己的子女继承。人活得好好的，一般不会想到或愿意去做这件事，但是如果不希望公司以后遭分割，还是提前做准备比较好。同时，如果公司里还有其他股东，就要根据《公司法》去完善公司章程，明确继承人是继承股东资格还是股权财产。毕竟遗嘱继承是身后事，所以并非是完美的选择。

还有一种方式就是股权赠与，可以将公司股权明确赠与子女所有。目前中国法律对于直系亲属间的股权赠与是不征收个人所得税的，这种方式应该还是一种不错的选择。

不管是股权的继承还是赠与，都需要找专业律师把相关事项做周全，避免不必要的麻烦。

国内国外都有通过成立家族委员会来管理公司资产的成功案例，但是在中国，随着独生子女政策的持续执行，这种做法在慢慢退出历史舞台，虽然2016年生育政策开始松动，这种做法有重回舞台的可能，但是要重新兴起也还需要很漫长的过程。最近几年兴起的家族信托应该是一个不错的选择，但是同时也会面临另外的风险，比如中国信托业的规范程度以及信托公司的职业水平、信誉等。

好的规则让风险可控

在利益面前，人性中的私欲总要抬头，私欲虽是无止境的，但是可以用好的规则来约束，这于人、于己、于公司都是利好。风险随时存在，但也不是那么绝对，现实中不乏合作很和谐、很长久的搭档，要么是强弱合作、强强互补，要么是因共同的信仰而和谐。每一个创业的人都希望自己的公司能够走得远，走得长久，那么就要顺应人性，制定好的规则，让风险可控，把风险降到最低。

第十三章

餐饮业股权设计的原则

餐饮业股权设计既要考虑一般的股权设计原理，又要考虑自己的行业特点。

餐饮业内因股权设计不合理导致的股权之争也不少，比如中国快餐行业数一数二的本土品牌真功夫、几年前新崛起的西少爷肉夹馍，还有最近几年比较火却大多数以关门告终的众筹咖啡馆等，都是因为在股权设计上的失误让企业付出了惨重的代价。那么餐饮业在做股权设计时需要把握哪些原则呢？

餐饮业股权设计和一般企业股权设计，逻辑是一样的，只不过餐饮行业有其自身特点，比如门槛比较低，谁都可以进来，不像高科技领域那样对人才和资金会有比较高的要求，而且餐饮企业是劳动密集型企业，传统的餐饮企业也更依赖于厨师等，所以餐饮企业在做股权设计时除了要遵循一般的股权设计原理以外，也要考虑到这些特点。

合伙创业的股权设计

合伙创业有很多优势，是创业者比较喜欢的模式，同时也是比较容易出问题的合作模式，其中的股权设计是非常关键的因素之一。一个可能合作成功的企业必须具备以下几个条件：一是必须有一个带头大哥，二是要有一帮志同道合的小兄弟，三是大家都有一个创业者心态，四是要分工明确，五是股权设计要合理。

那么股权怎么设计才合理呢？首先，带头大哥一定要保持着大股东身份；其次，要让小兄弟们有安全感。具体来说就是合伙人在5个人以下时，带头大哥的股份通常要超过51%，如果合伙人超过5个人，带头大哥的股份可以不超过51%。这样那些小兄弟们就会感觉到安全，不会轻易闹掰。

换一个角度来看，不给带头大哥绝对的权力其实也是对他的一种保护，因为绝对的权力会产生绝对的腐败。另一方面，这样的设计使得小兄弟们也可以提意见，大家都会有参与感和成就感，有助于团队凝聚。同时，带头大哥的存在也让这群人很自然的就有了主心骨，不会出现谁都想说了算的僵局，也不会出现群龙无首、互相争斗的局面。比如西少爷肉夹馍，最初3个创始人的股权分别为40%、30%、30%，典型的没有大股东的股权设计，缺少了一个带头大哥，以至于在后来的发展过程中，冲突不断，矛盾加深。公司刚刚走上正轨，其中一个创始人就被踢出门，创始人团队分崩离析。不管今天的西少爷肉夹馍发展如何，这都是一种沉重的伤害。分手的方式有很多种，伤害最小、代价最低的一定是好合好散。

众筹模式下的股权设计

众筹创业之所以会火，是因为这种模式门槛很低，几千块钱就可以圆大家拥有一个自己的咖啡馆、自己的会所的梦想，但结果却并不好，大多都失败了。这并不是“得之于易，失之于易”那么简单，任何一种结局都是一种逻辑的必然结果。

众筹创业的模式从本质上和合伙人创业是一样的，其股权设计从本质上也和合伙人创业是一个逻辑，一要有带头的大哥，二要有一帮小兄弟。不同的是众筹创业的股东人数比合伙人创业要多很多，而且有一些股东只是愿意投钱并不想参与经营，有一些只是想要个名，有个面子，其他的并不在意。众筹创业的股东其实更像散沙，更需要有带头大哥来主管这个事，有人专职做这个项目，或者组建一个创业团队做这个项目。

很多的众筹项目不成功，比如咖啡馆，大多是大家仅凭爱好去做，轮流组阁，轮流管事，结果都不专业，更缺乏连贯性，所以都管不好，最后只好关门大吉。众筹不会像一般的合伙创业那样，因为股权设计不合理产生股权之争，却会因为股权的高度分散和平均，导致没有主事的人，没有经营团队，这是众筹失败的最关键原因。CC美咖创始人也曾撰文披露她们的众筹咖啡馆是如何走向绝路的。

众筹失败的案例很多，但也不乏成功的案例。我的一个安徽学生众筹的徽萃阁会所就非常成功，他是主要发起人，发动了很多的老板同学参与，兑的钱也不多，每个人也就一个点或者两个点的股份，股权自然很分散，但是他们很清楚众筹的缺陷，因此找了一个主事的人来做带头大哥，同时聘请了一个有经验的专业人士做总经理，做得非常不错。对那些股东们来说在哪里应酬都是消费，在自己店里消费更有面子，而且年终还有分红，肥水不流外人田，何乐而不为呢？创业成功的因素有很多，徽萃阁的成功在很大程度上取决于他们对众筹项目股权本身的缺点有充分认识并采取了相应的弥补措施。

加盟的股权设计

和其他行业相比，餐饮业可以通过连锁店或者加盟店的方式快速扩张，这是餐饮行业的优势，一个成熟的餐饮企业可以开设多家门店连锁经营。虽然我们一直都在强调带头大哥和控股股东的作用，但是母公司对门店是不是控股没有太大关系。因为门店的品牌、供应链、管理体系都是母公司提供的，甚至管理团队也是由母公司来委派，在这种情况下，不管你是不是控股，控制权也都是你的，所以我们不要拘泥于形式。基于门店这样的特殊性，门店的股权就完全可以面向社会众筹，包括面向员工众筹，这个模式很简单的逻辑就是，一方面用别人的钱干自己的事，另一方面员工感觉是在给自己干，更有主动性，一举两得。

门店众筹做得很成功的一个案例是山东鼎好餐饮集团，其旗下有一个品牌叫“大厂房”，这个品牌下的一个门店就是用众筹做的，股权的50%卖给了门店的67个员工，另外的50%卖给了朋友，老板基本上没有出钱，但是因为品牌、管理都是母公司的，所以门店要向母公司上缴品牌费、管理费，母公司没有出资，但是门店50%以上的利润却是母公司的，同时因为员工通过众筹成了股东，心态改变，责任心增强，门店的生意很不错。

股权设计要着眼于企业未来

无论哪个行业，股权设计的最终目的还是要让企业做得更稳、更久，在大和久之间、大和精之间更应该选择做久、做精，不能为了做大把企业做散、做死。宁愿把企业做小、做简、做慢、做久、做得有灵魂，也不能为上市而上市，为做大而做大，不能为了赚钱而不考虑未来，比如俏江南，为了上市，赌了一把，结果非常被动；大娘水饺，只顾发展却忘记了培养接班人，最后被迫把股权让给了别人。一旦主动权让给别人，你就无法左右公司的发展，最后发现自己的孩子已经不跟自己姓了。

中国目前不缺大也不缺快，缺的是慢和精，缺的是有灵魂。其实，做一个500强的企业并不如做一个百年企业更能赢得尊重，所以做企业应该有所为有所不为，追求做慢和做精，把企业做得有灵魂，让企业有长久的生命力。

用股权众筹实现合伙人制

因为股权众筹能更好地兼顾各方利益并激发人性中积极向上和负责任的一面，所以用股权众筹的方式打造一个阳光、积极的团队很有意义。

第十四章

认识内部众筹

内部众筹是一种很好用的融资方式，通过这种方式能把员工和老板绑在一起，做到有福同享，有难同担。

内部众筹的特点

现在，众筹的概念大家也都很熟悉了，但是众筹的运用到目前为止并没有十分成熟的理论可供参考。通常在大家的认知中，众筹多是指面向外部的众筹，比如在网上面向陌生群体众筹，或者面向朋友圈子众筹。我个人更看好的是面向内部的众筹，也就是面向内部员工众筹，但是目前流传的众筹几乎都忽略了这种模式。事实上，这种模式更好用，很多企业也一直都在用，只不过还没有人把这种模式跟众筹这个概念对应起来，比如华为的虚拟受限股份制、万科的事业合伙人制、复星的项目跟投制、上市公司的内部定向增发等，其本质都是内部众筹。在公司内部用好众筹，将是一件事半功倍的事情。

众筹的兴起与传播，是企业发展的需要与时代进步的标志。对外部众筹的关注大概源于“外来的和尚会念经”这种心理的延伸。但是如果深入思考，就会发现这种心理其实弊大于利。

大家都知道，众筹的主要目的不是筹钱，更多的是筹人、筹智、筹资源，所以如果筹资对象都是公司外部的人，那就很难保证筹到的人或者资源能给你带来预先的期望，因为他们都有自己的本职工作，能够给你的企业倾注的精力一定是有限的。即便是风投对你说他如何有背景、有资源、有管理团队，会帮你理顺企业管理，能兑现的可能性也很小。真实的情况往往是一年也见不了几次面，所以这种承诺都是想象中的美好，兑现的概率很低。如果你真正有困难，对众筹对象——那些小股东们来说，他也就是尽力帮帮你而已，毕竟他也是投了一点钱的，但是他投钱的目的，可能也仅仅是为了将来发点小财，或者要点荣誉感，所以他愿意跟你共患难的可能性几乎是零，他心里默认的最坏结果就是他投的钱不要了，说白了他给你投的钱可能仅仅是他的一粒芝麻而已。

内部众筹就不一样了。对员工来说，他可能不仅投了自己富余的钱，也可能把家里所有的钱都投进去了，甚至有可能借了钱。当然除了钱之外，他还投入了时间和精力，投入了心血和梦想，甚至投入了青春。这样的众筹对象面临的一个最大问题就是输不起，和老板一样输不起。所以，企业如果有难，他一定会全力以赴。

当员工、老板和企业的命运彻底捆在一起成为一个利益共同体时，就不仅可以共创共享，而且可以共担风险。从另一个角度来看，员工之所以敢投入，是因为他看好自己的企业，看好老板的为人，愿意为之付出，这种境界是外部众筹对象无论如何都达不到的。

还有一点需要注意的是，内部众筹和股权激励不是一个概念，股权激励的本质是激励，激励和业绩挂钩，而众筹的本质是投钱，和约束相对应，这两者是有区别的，不能混淆。

内部众筹的方式

内部众筹可以分为两种，一种是定向众筹，一种是新项目众筹。

定向众筹和上市公司面向核心管理人员定向增发是一个意思，就是面向特定的群体进行筹资。当公司做到一定规模或者公司面临一定的资金压力时，与其向外部筹资不如向内部筹资，根据不同的岗位和职务设定不同的额度，通过这种方式不仅能解决资金压力，同时又因共同的利益使员工和公司成为一个整体。

我有一个学生，其公司刚挂上了新三板，因为需要，原本只是想向公司的核心人员众筹150万，结果员工都抢着买股份，甚至为了买股份还要走关系，最后不得不增发了192万。这件事给了他一个启发：原来，最好的资源就在自己身边，我没有必要向外部筹资，外部筹资的对象毕竟是外人，我向内部员工筹资，他们还能和我一起同甘苦共患难。其实华为一直就是这样做的，华为不上市，有钱就分给员工，没钱时就在内部增发股份，这其实就是一种内部众筹。

新项目众筹，就是当有一个新项目或者要成立一个新公司时，用众筹的方式来确定负责人和管理团队。一个新项目或者一个新公司，谁有资格当新项目的经理或者新公司的总经理呢？常规的做法是论资排辈或者投票，那么公司里资格老的人或者老好人当选的可能性很大，但不一定是能人。你可以拿出一半甚至一半以上的股份给关键的创业团队入股，让有意向的候选人自己众筹组建拟成立的管理团队。候选人带头投钱入股，有意向的员工跟投，用这种真正投钱的模式选出来的人肯定是能人，但不一定是资格老的，也不一定是老好人。因为这种模式把员工一夜之间变成了股东和合伙人，很自然的就会产生一种基于能力和发展潜力的竞争，这是吻合商业逻辑和自然竞争的游戏规则的，值得提倡。

内部众筹的游戏规则，特别是新项目众筹，一定要把相关人员的利益和责任与新项目或者新公司捆绑在一起，比如新项目经理或者新公司总经理肯定是要带头投钱的，而且要投很多，董事会里推荐、支持新项目的董事也要投，以避免他们站着说话不腰疼，倒霉时不承担责任。

内部众筹让员工既是股东又是合伙人，所以大家都会全力以赴。相反，如果是外部融资，投资人就是投资人，他和你是没有同甘苦、共患难的心境的。我非常看好内部众筹，特别是那些成长性好但是缺少资金的新企业，为了公司的安全，避免对外融资不慎被别人干掉，还是很适合采用这种融资方式的。

内部众筹的好处

内部众筹让员工成为股东和合伙人，解决了员工只能共创共享但不能共担风险的问题。新项目众筹，让公司没有官僚，让能人脱颖而出，形成一个竞争组织，同时通过内部众筹当上的经理、总经理，他的命运跟公司捆在一起，你管不管他，他都会好好干。另一方面，他如果不好好干，他众筹来的那帮弟兄们也不愿意，所以大家都会把公司当成自己的公司，会自律自强，母公司都不用管他，传统的层级组织就会变得非常扁平，大大提高组织的效率。

内部众筹这种融资方式很有诱惑力，有很多企业在实践着这种方式，但是从一个企业的长久发展来看，开始使用内部众筹也只是万里长征的第一步，如何让员工相信你众筹的目的和未来的前景、如何营造竞争的氛围、众筹股权怎么设计，对老板来说都是至关重要、任重而道远的。

案例分享

利用股权众筹建立利益共同体——奥之飞商贸公司股权众筹案例

奥驰集团致力于耗材、设备、机器、配件等研发与推广，拥有生产、加工、组装、销售的全产业链，是国内首家推出“智能兼容型”复印机碳粉的生产商，目前已经覆盖国内90%以上的城市，成为国内复印机碳粉领先品牌。奥驰立志成为中国全品牌代理领先品牌，并打造最值得信赖的一站式供应平台。

但是经过十多年的发展，奥驰也遇到了瓶颈。为了突破发展瓶颈，进一步稳定增长，奥驰从2015年开始花了近两年的时间对公司的内部管理和经营模式进行不断地改革和创新，完成了公司顶层架构的建立和内部管理团队的完善工作，并于近期进行了新模式落地方案的制定和推行。

奥之飞商贸有限公司是奥驰集团全资子公司，本文所述就是奥驰集团在奥之飞商贸有限公司推行的新模式中用股权众筹建立利益共同体的内容，主要介绍对公司生态链条上的公司员工以外人员的股权众筹模式。

＊ 行业现状的困境

目前办公耗材行业的诸多商家都逐渐陷入经营困境，房租、水电、运费、进货成本、员工工资、管理成本等不断增加，却因为市场竞争激烈，所有商家都在进行低价拼杀，利润空间在不断缩减。另外，因为供货商不断压量压任务，企业库存压力大。同时由于行业内欠账周期长，呆账坏账增加，既影响了现金流，又可能影响利润。

此外，在公司管理过程中，缺乏核心竞争力，留人难、用人难的问题也是企业老板们的烦恼，很多企业都存在员工流失率高而且经常出现人走撬客户的现象，这无疑会给企业带来沉重的打击。

对于中小贸易商和行业单帮客而言，也存在着同样的问题，如缺乏行业资质，没有核心竞争力；开票难，缺乏优质资源；招人难、留人难，且没有很好的管理能力，客户丢失率居高不下。

基于以上的行业现状，奥之飞新模式应运而生，奥驰集团稀释在奥之飞的股份，让奥之飞公司实行股权激励，除了对公司内部员工实行股权激励措施以外，更是设计了面向耗材行业的渠道商、经销商、行业内相关维修工及供应商的外部股权众筹模式，目的是建立更大范围的利益共同体，形成耗材行业完整的利益生态链。

* 奥之飞商贸有限公司股权结构设计

在推行奥之飞新模式之前，奥驰集团全资控股奥之飞商贸有限公司，总股本估值 500 万元人民币；推行奥之飞新模式以后，新的股权结构设计为对外众筹 30%、经营团队 19%、奥驰集团稀释股份至 51%。

对外众筹共释放 30% 的股份，募集资金 150 万元人民币。一共分为 150 万股，每股 1 元，每人限购 5000 股。众筹对象是耗材行业的渠道商、经销商、行业相关维修工及供应商等，这些人都是公司的业务生态链条上不可或缺的部分。

经营团队的 19% 主要是用于对奥之飞内部员工的股权激励，包括负责人、销售团队、管理团队。

奥驰集团的 51% 可以继续保持集团对奥之飞控股。

* 对众筹股东的激励政策

通过众筹吸收的股东要具备一定的条件，比如，首先要有正规营业执照，其次要有三年以上耗材行业从业经验，最后必须没有不良信用记录。符合条件的还要签署《郑州奥之飞投资及代持协议书》和《郑州奥之飞股东合作协议》。

对这部分股东的激励政策主要包括以下七项内容：

1. 股东拿货享受兼容耗材出厂成本价，以最低的价格提供给股东最大的产品价格优势；

2. 每月分红（每月返还150元货物，下单即以货物形式返还）；

3. 年度分红(每年12月进行财务核算,如果盈利次年4月进行股东分红);

4. 上市收益（公司上市，股份增值）；

5. 客户转介绍（赠送礼包+获得0.5%永久业绩提成）；

6. 交易积分兑换制（交易有奖品）；

7. 免费管理咨询与扶持（降低运营及管理成本，提高员工人效，增大公司利润空间）。

众筹政策保证了股东权益的同时也规避了股东可能遇到的风险，通过月度分红和年度分红真正做到让股东和公司利益共享，风险可控（每月享有货物返还），股东所持的股份仍归股东所有，仍可享受股份分红。

＊ 成效

通过股权众筹把耗材行业优秀的渠道商、经销商、行业相关维修工及供应商等吸收为自己的股东，让他们和公司成为利益共同体，稳固了耗材行业优秀的利益相关方的生态链条，达成的是双赢甚至是多赢的结果。

（案例作者：奥驰集团董事长　吴超坤）

第十五章

用内部股权众筹建立合伙人团队

拥有自己的合伙人团队是很多老板梦寐以求的。建立合伙人团队，通常可以采用的方式有股权激励和内部股权众筹，那么哪一种方式更好呢？

什么是合伙人与合伙人团队

合伙人的概念很简单，通俗一点说就是既出钱又出力的人。只出钱不出力的人，叫投资人，只出力不出钱的人，我们称其为员工，这是一个很大的群体。而合伙人团队则是一群既在企业里出力又给企业出了钱的人，他们既是员工又是股东。

随着社会的发展，随着老板们对责权利的领悟和对人性的认知，越来越多的老板意识到建立一个同甘苦共患难的团队有多么重要，正所谓一个好汉三个帮。通常情况下，企业里员工虽多，却只能一起分钱，不能一起承担责任，企业的兴衰与否与他们关系不大，责任心和动力可想而知，不乏有人浑水摸鱼、和尚撞钟。所以越来越多的老板希望把员工变成合伙人，建立合伙人团队，激发他们的积极性、责任心、主动性和创造力，作为回报，有钱时大伙儿一起分；作为责任，没钱、有难处时大伙儿一起来扛，共渡难关，真正做到同甘苦共患难。

用股权激励建立合伙人团队的特点

股权激励是通过一定的规则设计，让老板和管理团队一起创造增量，分享预期贡献，而不是分存量、分老板的股份，本质还是对员工的激励，通过这种方式让员工变成合伙人身份是需要一个过程的。

通过股权激励的方式把员工变成合伙人，有以下几个特点：

第一，股权激励的对象是员工，即使获授股权激励，也还是员工身份，需要经过一定的时间，完成一定的绩效，达到一定的标准，才可以由员工的身份转变为股东的身份，这是一个逐步实现的过程，历时比较长，过程稍微慢一些。

第二，股权激励以后，员工还是员工，和老板还是一种利益的博弈关系，比如：老板总想给低工资、拿高利润，员工总想拿高工资，利润高低与他无关，他们是矛盾的统一体。直到员工用绩效换来股份，身份转变了，他才有可能和老板真正成为利益共同体，开始真正共同关注企业的利润高低和未来发展。

第三，股权激励是一个比较庞大的系统项目，需要有复杂的方案支撑，操作过程中还要面临等待期、行权期、禁售期、约束期、解锁期、授予条件、行权条件、绩效考核等制约，对企业的规范化要求比较高，操作起来比较复杂。

几种股权众筹模式的比较

众筹最典型的是面向陌生人的众筹，被屡爆骗局的P2P就是这种类型的众筹，还有面向熟人圈子的众筹和面向员工的内部众筹等。在所有这些众筹里面，最好用、最有效果的就是面向员工的内部股权众筹。

众筹表面上看是融资，实质上却是通过融资去融人、融智、融资源。过去通常是缺什么找什么，现在通过众筹可以变成缺什么找有什么的人，让有能力、有财力、有资源、有智慧的人成为股东，让身边的人成为股东，把个人的事变成大家的事，共创、共享、共担。

众筹的本质其实是为了融人，从而实现让这些人帮助自己开拓业务、开拓市场、发展和建设团队的目的。很显然，P2P是实现不了这个目的的，最后就只是一个融资平台和手段，甚至成了骗子们行骗的平台。其实稍微想想就会明白，P2P模式对企业的发展除了资金以外再没有其他裨益，比如你为开个饭店全国众筹，其实是没有意义的。

面向熟人的众筹，因为知根知底，可能会比较容易达到实现销售的目的，但是因为他们可能各自还有自己的工作，参与众筹并不是他们的主业，所以还是实现不了和老板同甘苦共患难，而且他们可能也只是拿了几万块钱，众筹的公司真的死掉和他们没有什么太大的利害关系，最多就是损失了几万块钱的事情；而如果是向内部员工众筹，你让你的员工拿了几万块钱入股，如果公司死掉，对他们来说，风险就太大了，一是工作没了，二是家里的钱没了，所以员工会很珍惜这样的机会和身份，会和老板一起去认真参与经营。

通过这样的分析不难发现，只有面向员工的内部众筹才能够实现让员工和老板同甘苦共患难，让老板彻底拥有自己的合伙人团队。从另一个角度来看，作为老板，与其把钱分给外人，还不如把钱分给和他一起打拼的这些弟兄们更有意义，对企业的影响也更深远和长久。

用内部股权众筹建立合伙人团队的特点

内部股权众筹的最终目的是建立合伙人团队，与利用股权激励方式建立合伙人团队相比，有什么不同呢？

第一，内部股权众筹是通过内部员工有钱认购就能形成的，员工一旦认购了股份就和老板一样变成了股东。所以从众筹开始的那一刻起他就是股东的身份，一开始就会把自己当作是一个合伙人，而股权激励则需要经历一段比较长的时间才能拥有股东的身份，需要一个过程。二者本质的不同带来的结果不同，带来的身份感也不同。

第二、通过股权众筹变成合伙人的员工和老板在利益上是一致的，从认购那一刻起他们就成了一个利益共同体，他们都关注利润，关注企业的长远发展。

第三，内部股权众筹只需要设定一个认购标准就可以了，通常是先给公司估值再确定股数，如果是新成立的公司则更简单，只需要把注册资本作为估值就可以，然后根据不同的岗位设定不同的认购标准，比如总经理50万股，副总经理20万股，其他人10万股等，员工根据自己的岗位不同，直接认购就可以了，操作比较简单，或者结合竞争上岗设定标准，谁组织的团队认购多，谁当总经理等。这种方式建立合伙人团队更直接、更有效；而股权激励就比较复杂，需要一整套的系统方案。二者因为标准不同，所以产生的效果也不同。

内部股权众筹适合打造合伙人团队

俗话说孤掌难鸣，老板经营企业更是如此，所以老板们都希望自己能拥有一个智慧、高效、团结的团队，但是人心是复杂的，群体的情绪也非常微妙，如果不能善用人性就很难建立起这样的团队，而内部股权众筹就是在充分认识和尊重人性的基础上的一种非常好的模式。内部股权众筹能更好地兼顾各方利益并激发人性中积极向上、负责任的一面，这对打造一个阳光、积极的团队很有意义。

通过上述分析，我们不难发现，老板想要建立属于自己的合伙人团队，最值得考虑的方式就是通过内部股权众筹。

第十六章

众筹以后的公司治理

募资仅仅是众筹的开始，众筹以后的治理结构设计才是众筹的重点。

众筹易懂难做

现在众筹很火，几乎到了凡事必谈众筹的地步，据说还有人在新浪微博上众筹自己的诉讼费。2014年11月19日召开的国务院常务会议，也首次提到了“开展股权众筹融资试点”。

众筹在这么短的时间里能够这么风靡，应该源于众筹的概念比较容易理解，门槛儿比较低，也迎合了人们内心深处的某种梦想，算是一种各取所需的模式，甚至有人说，未来众筹将会取代风投、取代PE（私募股权投资）。但是，众筹有好的一面也有不好的一面，我们还是要理性对待，而不是一味跟风。

众筹大致可分为产品众筹、债权众筹、公益众筹和股权众筹等模式。现在铺天盖地的资讯大多是如何众筹融资，至于众筹融资成功以后怎么去做却少有论述，而这却是最重要也是最难的，本章就着重探讨股权众筹成功以后的股权设计问题。

众筹的本质

众筹的本质是股东让出一部分股份，通过股权来融资。那为什么叫众筹而不叫吸引投资人来融资，比如风投？众筹和风投还是有区别的，风投无论是表面还是实质都是通过转让股权来融资的，而众筹表面上看是转让股权，本质上却是通过转让一部分的分红权来融资，因为众筹的股东太小、太散，他们对表决权并不是太在意，最多是要了一个参与权或知情权，所以和风投比，众筹表面上是融资，背后更多的是融人、融关系、融资源、融背景，通过这种方式让参与者有一种做股东的感觉，让他们部分地参与公司经营，从而调动他们的资源，促进公司和项目的发展。

众筹容易产生的问题

众筹，顾名思义就是有很多人融资进来共同做事。当一个项目有太多的人投资时就很容易出现股份高度分散的问题。

当股份高度分散时，就会出现人人有股份等于人人没股份的现象，最终的结果就是有好处的时候大家一块儿分享，没好处的时候或者遇到困难的时候大家就都各奔东西了，例如武汉的CC美咖。

股份的高度分散相应的还会带来一些不良现象，就是股东们一起吃大锅饭，都不干活，或者小股东搭便车，“我啥也不管，光等着分钱就行了”，可以说这是大多数参与者的心理写照，因为参与众筹的人大多还各有自己的一摊子事情要做，倘若投了钱什么事都不用管，不用操心，还能分红，何乐而不为呢？所以众筹很容易成为滋生人们“乐得偷懒”心理的一块土壤。

而且，当股份高度分散，没有大股东的时候，也容易出现实际控制人一个人说了算的情况，一个原因是上面说的大家都忙，没有时间，还有一个原因是小股东们可能会因为投的钱也不多，一种爱面子的心理，挣钱多少都无所谓了，有点听天由命的感觉，自动放弃了自己的权力。假如小股东们都是这样的心理的话，公司就容易被一个人控制，这个人就会成为内部实际控制人，也就容易导致众筹项目的失败。

所以我们在考虑股权众筹的时候，要尽可能地去规避上述这几个问题，减少不必要的内耗和损失，让众筹项目走向成功。

众筹的股权设计

众筹的股权设计，最忌讳的就是股权高度分散，不管是成熟的项目还是新的项目，都要有几个关键的大股东。

如果是已经运行的项目，或者这个项目运行得很成熟了，最好要有一个控制人，让这个控制人拿出一部分的股份比如30%—40%，面向50—100个（或者更多）有能力的人融资，这样的设计是比较合理的，因为这样会有一个实际的大股东。

如果是新项目众筹，需要有一个发起人，发起人要占大股，比如30%—40%，其他人可以占0.5—1%（最好的方式是折算成股数），这样设计也可以，但是这里有一个问题，如果一个众筹项目拿出30%—40%的股份去向很多人融资，这个时候如果大家都互相不认识，一般情况是没有人愿意出资的，所以可以找一个有影响力的领投人，借用他的影响力，他可以多投一点，但是要比控股股东的股份少得多，比如10%或8%，别人看领投人投了，自然也会投，这是利用一个人的影响力来吸引别的投资者。

所以，众筹的股权设计基本上可以按照这三种模式来设计：一种是一个大股东下面有无数个分散的小股东；一种是一个发起人大股东和一个领投人，下面再跟一群小股东；一种是有一个发起人大股东，下面有一群小股东。

持股方式怎么设计

如果这么多股东都进来了，我们的持股方式怎么设计呢？

第一个方式就是投资人直接进入，和原始股东有同样的地位，直接持股。根据中国现在的法律规定，股东直接进入的话，如果是有限责任公司，不能超过50个股东，股份公司不能超过200个股东。直接进入成为公司的股东，最大的好处就是这些众筹的参与者有真正的股东身份，但是不好的地方就是股东太多容易产生纠纷，一旦产生纠纷会影响公司的实际经营。

第二个方式是间接持股。间接持股就是参与众筹的这些股东进到你的持股平台里，这种持股平台通常是有限合伙制企业（领投人可以做GP），通过这个持股平台然后再投到这家公司，这就是间接持股，这个方式也很好。间接持股的好处是这些股东是在另外一家公司持股，不直接成为众筹公司的股东，万一有矛盾，对这家众筹公司不会有影响；不好的是这些股东不是直接股东，会影响他们做股东的感觉。在设计持股方式的时候，这些都是可以综合考虑的。

如何开展工作

当上述这些工作全部做到位之后，股东们就面临在一起怎么开展工作的问题了，这就需要建立相应的规则，比如大事谁说了算？日常经营谁说了算？

通常公司的大事，都是股东会说了算，公司的重大决策由董事会说了算，要选几个股东代表成立董事会，日常经营一定要一个人说了算，等等。

这样把规则定好了，大家一起遵守、执行，相互配合，公司的经营就会慢慢有秩序，如果不这么做，大家都想说了算，互相拆台，不配合，也就谁说了都不算，徒增烦恼和内耗，最后就会把公司拖垮。

规则是对所有人的一种保护

众筹，让心怀梦想的陌生人走到一起，也给了人们各种人性的考验。真的搞懂众筹的利与弊，搞懂众筹成功以后需要做的事情，于人于己都将是利好。

无论什么时候，我们都不要感情用事，不要意气用事，而是要用规则去约束所有人的行为，规则其实是一种理性的表现，是对所有人的一种保护。现在社会上流传的这段话也是很有道理的：“要尽可能的把兄弟感情放到工作中去，把残酷的一面放到制度中去，不要用兄弟感情去追求共同利益，把所有的感情都放到规则中去，不要期望你和别人一条心，合伙人都是有限的。”

合伙总会给人无限遐想与忧虑，尤其是在规则不明朗的情况下，而股权激励可以让规则公开、透明，让各方在阳光下合作。

第十七章

股权激励不仅仅是工具

如果把股权激励仅仅当作是一种工具去运用，实际上是流于形式了，股权激励更是一种思维方式的转变和组织的变革。

当企业越来越意识到人的重要性时，老板们便开始寻找能够发挥人的重要作用的方法。当人性被尊重时，人才会愿意完全释放自己的能力和责任心，所以尊重人性是基础，股权激励就是尊重人性的一种表现形式。

股权激励是股权战略中的一个重要组成部分，看似是一种工具，但又不仅仅是工具。如果把股权激励仅仅当作是一种工具去运用，实际上是流于形式了，效果只能是昙花一现，不会给企业带来真正长久的生机与活力，这是任何一个企业都不希望看到的。

股权激励不是工具

股权激励的概念已经被越来越多的老板接受，但是还是有很多老板并没有真正了解股权激励的本质和怎么做股权激励，而是简单地把它看作是一种工具，认为找别人给写个方案，自己照做就行了。实践中，这样做的效果往往不好。

方案好写，难的是写出切合自己企业的方案。让企业外部的人写方案，的确会很省心，却很容易出现“两张皮”的现象。不管他是不是负责任，也不管他是不是会尽可能多地向企业了解具体状况，他都有可能不会像这家企业的老板和员工一样了解这家企业，特别是企业里很多核心的问题。比如人事、财务、股份的来龙去脉、企业文化等，这些核心的东西外人在短时间内是不可能熟悉、掌握到如企业内部人员的程度的，所以他很难写出十分切合的方案，那么要落地就肯定有困难，这也是情理之中的事，倘若遇上不负责任的人，结果可能会更糟糕。

方案写出来，也只是开始，更重要的是落地实施。在实施的过程中，一定会有需要改进修正的地方，因为企业的经营、人员的状态是处在动态变化之中的。如果方案是别人写的，你只是拿来实施，并不知晓方案的逻辑关系，不懂股权激励的本质，那么你也不知道这个方案好坏，而且在使用过程当中遇到问题也不会修改。企业根本的核心问题依靠外人来做是不行的。

股权激励是组织变革

股权激励表面上看是工具，其实质却是组织的变革。在老板把股份给了员工后，员工的身份就转变为股东，不论大小，都已经是企业的主人，虽然在企业内部管理中他们的身份还是员工，但是他们和老板的关系却发生了变化，更像合伙人了，上下级关系开始弱化。管理对象的身份变了，管理方式也要有相应的变化，比如给予一定的经营权、账务有所开放等。

那么，组织要如何变革？

第一，治理结构要健全。企业一定要有“三会一层”，即股东会、董事会、监事会、管理层，大事儿股东会说了算，决策的事儿董事会说了算，日常经营的事儿管理层说了算，这是最基础的。

第二，管理体系要完善，责权利要清晰。如果责权利不清晰、不到位，会产生内耗，企业最怕的是内耗，内耗势必导致企业丧失外部竞争力。

第三，核算要清楚。如果不清楚，员工股东心里会不舒服，感觉他的收益和付出很难对等，从而影响干活积极性。以前只是做员工的时候，他们不会关注这事，反正干一天给一天的钱。现在成为股东了，关注的就多了，比如企业有没有内耗、企业年终分红的核算是不是清楚、个人岗位的核算是不是清楚、企业的总核算是不是清楚、有一些费用的分摊是不是合理，他们要清楚地知道，所以必须要核算清楚。

第四，决策、财务要透明。通过实施股权激励而增加的股东，通常都是小股东，又因为一直以来的上下级关系，很容易出现典型的大股东欺负小股东现象，大股东还延续着以前的专制，什么都不透明，决策不透明，财务不透明。如果是这样，小股东就会很郁闷，他们会怀疑自己在企业里的股东身份，是不是光挂个名？不然为什么一点参与感都没有？为什么连法律赋予的最起码的知情权都没有？如果财务也不透明，不管分红是多还是少，他们都会怀疑自己分的太少，老板分的太多。只要不透明，他们一定会往最坏处想。这是人性使然，与道德、素质无关，无可指责。最后就导致小股东们有气没处撒而开始抱怨，破坏组织的文化，分散组织的凝聚力。堕落比上进容易，像抱怨这种不良情绪的蔓延远比你想象的速度要快、危害要大。

股权激励更是一种文化变革

通常我们都喜欢一个人说了算的工作和生活方式，尤其是做老板的，很容易找到存在感和优越感，习惯了用这种方式来满足自己的控制欲，但是一个人的智慧和能力总有局限，汇聚众人的智慧为己所用才是真正的智慧。

股权激励能够在企业内部汇聚众人的智慧，前提是老板一定要能放下架子和员工股东们一起说了算，有什么事情要和他们商量，这其实就是一种文化变革，这种变革包括以下几个方面：一是老板思维方式的转变，以前是领导和员工的关系，现在变成了平等的合伙关系。老板如何面对、适应这种改变，这是对老板的很大挑战。二是从一个人说了算的专制文化到和众股东一起说了算的民主文化的转变。这是一个很痛苦的过程，民主文化的不断完善也是一个痛苦的过程。三是从上下级管理到平等管理的转变，这是一种颇具柔性的氛围，是需要去营造的。四是从命令、服从的文化到协商、参与的文化的转变。

文化的变革对企业的影响可能不会立竿见影，但一定是深远的。因为让员工作为主人参与企业的经营管理一定会激发他们的活力、智慧和潜能，这是非常宝贵的资源。

到目前为止，还没有哪个制度对企业管理和发展来说是完美无缺、一劳永逸的，因为万事万物都在动态的变化之中，跟不上变化步伐的制度就会成为企业发展的障碍，而且很多变化也不是老板一个人可以体验到、顾及到的，但是股权激励可以做到让员工也参与到这种变化与变革之中，让企业管理趋向民主，通过员工的参与尽量弥补企业各种制度的缺陷。比如我们都知道的美国联邦宪法，就是一群人经过近130天的争吵、讨论，尽可能地把未来社会制度的各种缺陷都想到了并且做了规避，才保证了其足够全面、细致和严谨，成为范本。

生活中我们都会有这样的体会，理性的争吵和讨论往往会带来意想不到的效果，会促使某件事的完善和改进，经营企业更是如此。比如华耐家居的第一次股东大会，就是因为60多位股东逐字逐句讨论股东章程而开了近40小时，一直开到第三天的凌晨。这样的较真，股东们虽身心疲惫，却亲手打造了让他们无比自豪的股东章程。

股权激励引发的企业文化变革，让员工骨子里就有一种主人的感觉，这种文化下产生的竞争力和创造力是不言而喻的。否则他们还是员工的感觉，股权激励就不会有很好的效果。

第十八章

股权激励的本质

股权激励分的不是老板的股份而是明天的股份，分的是增量而不是存量，是用明天的钱激励今天的员工。

万科在2014年推行的事业合伙人制将人们的关注点转移到股权激励，让我们对股权激励又有了新的认识。万科以前是倡导职业经理人制的，后来他们发现职业经理人可以共创共享，但不能共担，所以现在开始打造事业合伙人制，通过股票跟投和项目跟投的方式让经理人变成自己人。

现在，越来越多的老板开始关注股权激励，但是很多老板还心存顾虑，认为股权激励是在向员工分自己的股份，有点舍不得，也担心给自己带来麻烦。这是因为他们还没有真正认识股权激励的本质，在利益面前，内心才会有很多的不舍。那么股权激励的本质是什么呢？

一个很小的故事

我经历过这样一件事，印象非常深刻。有一个做老板的老乡来听我讲课，课后一起吃饭，忘记了时间，转眼6：40了，而他要坐7：30的火车，一般情况至少需要1个小时才能赶上火车的，而现在只有50分钟。我劝他第二天走，他说第二天他有一个很重要的活动，一定要赶回去。我便送他坐上了出租车。后来他给我发信息说他已经坐上火车了，我很吃惊，就问他是怎么做到的，他说：院长，我用了你讲的股权激励啊，我给出租车司机说如果他能在7:20之前赶到火车站，我就多给他30块钱，所以我就坐上火车了。

假定我这个学生第二天参加活动的直接或间接收益为1万元，我们可以建立如下激励与收益关系模型：

人员	收益	
	有奖励	无奖励
出租车司机	30元（及时兑现）	0
老板	10000元（未来获得）	0

从这个模型中，我们可以看出，如果出租车司机没有收益，我这个学生也没有收益；而如果出租车司机有30元的收益，我这个学生就会有1万元的收益。

再仔细分析，我们会发现，出租车司机得到的30元实际上是从明天的1万元收益中提前支付的，所以股权激励本质上是用明天的钱激励今天的员工。

我们还会发现，在这个案例中，司机的贡献最大，得到的其实并不多，但是却很开心，而我这个学生则收益更大，所以股权激励是个双赢的游戏。

这个案例虽小，却很好地诠释了股权激励的本质。

股权激励分的是增量不是存量

股权激励鼓励大家把业绩做大，做增量业绩，通过一定的预期目标或者一些绩效的设置，来激励经理人给公司创造更大的价值或贡献，然后从中分出一块给经理人，所以，股权激励要先有贡献，才有激励，它对应的是成长。

股权激励分的不是老板的股份而是明天的股份，分的是增量而不是存量。如果分的是存量，那不是股权激励，而是大锅饭式的平均分配，明天的股份是员工和老板一起创造的，但更多的是员工创造的，而员工从中分到的是很小的一部分。

股权激励同时具有约束性

在所有的激励方式中，唯有股权激励既有激励性又有约束性，因为对激励对象来说，如果他好好干，就会得到他想要的，不好好干就什么都没有，即便是得到了股份，也可以通过很多的限制条件来约束他的不良行为，如果不好好干，他得到的东西也会失去。

股权激励能让人自发地愿意去工作，因为他的股份和公司的股份在一起，即便不考虑公司只考虑自己，也会去努力工作。所以，股权激励是有内生力的，同时也有约束性。

股权激励建立的是利益共同体

股权激励使老板和员工之间建立的是利益共同体。通常，老板和员工之间从表面上看是利益共同体，其实不是，老板和员工只能分享现在可分享的利益，未来的利益其实和员工没有关系，都是老板的，所以不管老板怎么给员工讲未来多美好，员工骨子里是不会当真的。同样，未来的风险也和员工没有关系，无论老板多么忧心未来的风险，员工也不会真正动心，老板和员工之间是一种只能利益共享、不能风险共担的关系。

统一思想难，统一利益容易。当老板和员工利益一致时，员工就会和老板一样关注公司的发展，和老板一起去创造未来，享有未来，承担风险。能让利益统一起来的，特别是统一远期利益，唯有股权激励可以做到。

股权激励能唤醒主人意识

通过把股份分给员工，员工的身份就从员工转为股东，这种身份的转变就让他们很自然地改变了思考的维度，开始有非常强的参与意识，就是我们通常所说的处在什么位置就会思考什么位置上的问题。

我相信很多老板都有这样的体会，当你和员工讨论事情的时候，员工基本上不会和你争论，你说什么便是什么，而他是不是真的赞成，你并不知道。当你把股份分给他们后，他们对公司的关注和以前是不一样的，比如泰山管理学院，员工有了股份之后，他们和我有不同意见时会提出诸如投票等民主表决的要求。这就是一种自发的参与意识。

虽然对老板来说放弃权力是痛苦的，但是，对一个组织来说却是一个很好的现象。通过这种主人意识的培养、主人意识的兴起和唤醒，会让企业快速培养出优秀的管理团队、核心团队。

股权激励让员工有独立人格

股权激励的实施可以让老板有独立的人格，也让员工有独立的人格，对企业有共同的参与意识。

济南有一家推行股权激励多年的企业叫三星灯饰，在我的股权激励课上，总经理李进和大家分享了这样一句话："我们非常幸运，这辈子碰到了我们的老板，老板也很幸运，这辈子碰到了我们。"这句话的背后蕴含了太多的自信和信任。

正是因为股权激励，让员工成为企业的主人，让老板和员工都有了独立的人格，人和人之间相处也更加平等、更加信赖，如果没有股权激励，李进有底气说老板这辈子也很荣幸碰到了他们吗？

股权激励让大家有安全感

股权激励是企业发展到一定阶段后老板应该非常关注的事情。股权激励能够改变老板和员工之间对立和不信任的关系，通过激励措施和约束机制，不仅能激发潜能和活力，更能保障和监督各方的权益和责任，可以让员工安全，也让老板安全。当你真正了解了股权激励的本质，就会放下内心诸多的不舍和顾虑，不会让实施股权激励的最佳时机擦肩而过。

第十九章

股权激励符合了哪些人性

人性有好的一面，也有不好的一面。

人性有时候看起来很复杂，是因为不同的环境和不同的条件会激活人性的不同层面，以至于让人在名和利面前的表现有各种不同。

股权激励做的就是既顺应人性中好的一面，又规避不好的一面，从而引导人性在纷繁复杂的诱惑中走正，让员工和老板这两个不同的群体相互促进、相互监督和相互成就。

现在股权激励对大家来说已经不陌生了，从各个媒体上都能看到，很多老板也开始关注，不少企业实施了股权激励以后效果也不错。作为一个有效的激励方法，股权激励开始走进更多人的视野并逐渐引发大家的思考，本章着重从人性的角度，从员工和老板这两个不同的群体来分析，以便大家更深入地了解股权激励。

宁为鸡头不为凤尾

中国人大多有这样一个心理：宁为鸡头不为凤尾。所以员工是不愿意一辈子给别人打工的，一旦有条件有机会，他一定会选择为自己干事情而抛弃老板。那么老板面临的一个严峻挑战就是怎么去激励员工，既让他为自己干事情又不会抛弃老板。通常，老板会选择给员工股份，事实证明这种做法是比较有效的。现实中有很多这样的案例，比如企业去挖人的时候，一般会这样说：你在这里干多长时间都还只是个员工，你来我这里，我给你股份。这样就很容易把人挖过来，从这个角度看，给股份是很容易引起共鸣的。

有一次我和一个老板聊天，他说他有一个员工很有潜力，是个人才，想让他去当项目经理，但是这个员工更喜欢那种不用操心的工作状态，说什么也不干，直到老板说："那我给你10个点的股份吧。"结果这个员工就非常痛快地答应了。这个小故事说明，每个人都喜欢给自己干，做自己的事，操心也愿意，不是给自己干，还是不操心好。

年轻人更追求自主

时间走到现在，我们面对的管理群体已经发生了很大的变化，80后、90后逐渐成为工作的新生代甚至主力军，这个群体更加自主，更加个性，更加张扬，更加不服从传统的管理，更不愿意遵守过去层级式、教条式的管理，这个群体要求更多的是自我经营。

现在社会上流传着这样一句话：70后既愿意上班又愿意加班，80后只愿意上班不愿意加班，90后既不愿意上班也不愿意加班。这是一个社会现象，我们不需要去讨论这个现象的对与错、利与弊，因为无论如何这个社会将会是80后、90后的天下。我们没有办法来回避这个群体，我们需要做的就是如何根据这个群体的特性来考虑、设计我们的激励模式，让这群新生的力量发挥应有的作用。

关注未来的安全

对未来的安全的关注，也是中国人骨子里普遍存在的特性之一，中国人不仅仅要求现在有丰厚的物质收入，更关注未来是不是有安全稳定的收益。比如虽然公务员的收入可能比不上企业里的高管甚至中层管理者，还是会有很多人热衷于报考公务员，就是因为他们看重的是公务员未来的安全稳定。

从这个角度来看，如果有一种激励方式能让企业的员工对未来有一定的安全感，那么这种激励方式就会深受欢迎，具有绝对的吸引力和凝聚力，股权激励就是这样一种激励方式。

一个员工对未来有了安全感，就不会锱铢必较，只顾眼前利益，而是会为了自己未来的安全主动去维护企业的安全和发展，所以给员工未来以安全感也是每一个老板必须关注的事情。

尊重人力资本

历史上，晋商把股东分为两类，一类是银股股东，一类是身股股东。顾名思义，银股股东就是货币资本的出资人，身股股东就是人力资本的出资人，有钱的人出钱占银股，没钱的人出人占身股，把人力资本和货币资本同等看待。

现在几百年过去了，我们没有进步反倒退步了，我们只是把货币出资人当作股东，把人力资本的出资人仅仅当作一个打工的人看待。从人性的角度上来说，这是对人的不尊重，把钱看得比人更重，但是钱是死的，人是活的，人能成事也能坏事。

我们现在给员工一定的股权包括股权激励，其实是把人当人看，把人的能力和货币当作同等资本去看待，这是回归到人性的本质上重新对人性的认识，是真正的以人为本。

利益分配的公平性

在一个企业里，老板和员工一起努力，才能有预期的收益。老板和员工之间是一种相互依存的关系，任何一方都不可能独立存在。老板搭建了平台给员工，员工的劳动成就了老板的平台运转，这样的一种依存关系，利益应该如何分配才公平呢？

老板通常给员工分的仅仅是当年可分配的东西，主要是工资和奖金，而那些没有分配的、结余的部分都是老板的，包括未来投资的收益也都是老板的，这些和员工是没有关系的，未来溢价的部分也和员工没有关系。

多少年来，这种分配方式被广泛认可，但是作为一个员工，把自己的青春甚至一生都献给了企业，而企业未来没有分配的和未来的溢价却都和自己没有关系，这显然是不公平的。所以，给员工一个未来，把未来没有分配的和未来的溢价分一部分给员工，才是公平的，才能维护好这种相互依存的关系，让公司的运转能够保持良性循环。

防止经理人的短期行为

老板分给员工股份，更有意义的是可以防止经理人的短期行为。

作为企业的代理人，经理人的使命注定了他不会过多考虑企业的长远利益，但是如果给了经理人股份，那么他和老板就成了一个利益共同体，可以分的不仅是短期利益，还有长期利益，这就可以很好地防止经理人的短期行为。

如果不能把经理人变成自己人，那么经理人可能就会利用自己和老板之间的信息不对称、利益不对称、资源不对称等各种不对称，采取短期行为达成自己的短期利益，却伤害了企业和老板的长期利益，然后拍屁股走人，留下一个千疮百孔的企业给老板。而一旦经理人和老板的利益是一致的，经理人就会以主人的心态安排企业的行为，避免短期行为，保证企业的良性运行，从而保护企业的资产，保护企业健康发展。

股权激励让人自私有度

人性中有自私，有好的一面也有不好的一面，喜欢安全，喜欢被认可。人性是不能回避也不能对抗的，我们能做的就是了解人性，尊重人性，顺应人性。比如，人性虽自私，但是自私的同时也会因为有更高的需求而产生利他之心，行利他之事。所以我们经营企业可以通过规则的设计来规避和抑制人性中不好的一面，让人自私有度，趋于理性，不被诱惑，让人因为看到未来而感觉到安全，并因此释放人性中更多的善。

通常，员工和老板这两个不同的群体，因为所处的位置不同，代表的利益不同，所以虽然同在一家企业，却往往是对立的，各怀心思，而股权激励却通过规则的设计改变了这种对立的状况，让员工和老板因为有了共同的利益而心向一处，就是符合了人性、尊重了人性的必然结果。

第二十章

正确认识股权激励为什么热

股权激励既有短期激励也有长期激励，既有约束性又有激励性，受到老板们青睐也是情理之中的事。但是股权激励虽好，实施起来也不是一定就能事半功倍、收到预期的效果，还要看你是怎么用的。

现在股权激励很受欢迎，全国各地到处都有办班培训的，这是好现象，但是和很多人交流以后却发现并没有想象中那么好，很多人还只是停留在表面，学得多用得少；也有很多人只是当作一种知识在学，学了就学了，回去以后还和没学一样，正所谓“学得激动，听得感动，回去之后一动不动”；也有的虽然实施了股权激励，效果也没有想象的那么好，理性分析一下，背后还是有原因的。

股权激励为什么会热

股权激励会热，和中国老板特别是中小企业老板的现状有关系。中国的企业老板其实是一个庞大的迷失的群体，在企业经营这条路上很难清晰地知道路该如何走，该何去何从，当他们迷茫的时候，就会向外界寻求方法和途径。曾经的成功学热、国学热、资本热以及各种的培训大师热，都是迎合了中国老板的迷失和盲从。中国老板是一个非理性的群体，容易随波逐流，什么都学，学什么又都沉不下心来；不知道自己真正缺什么，什么都想用，却发现好像什么都不好用。就这样学了很多，用了很多，却并不能真正解决问题，此时的股权激励如同黑暗中的一点星光给大家带来了希望，很自然的，股权激励就热起来了。如此来看，股权激励实际上承载了太多的责任和使命。

股权激励会热，还与老板的某些心理有关系。现代的中国人，往往因为受绝对化、标准化教育的影响而忽视人性的特点，所以很多老板总是寄希望于员工主动发挥人性中的优点、自觉屏蔽人性中的缺点，并不重视规范化管理的建设，心存侥幸。当一个社会盛行拜物思想的时候，这种冀望就是空想，所以当企业发展到一定阶段的时候，管理的不规范给企业带来的混乱和伤害就越发凸显出来，而把管理规范起来相对来说是很慢、很累的一个过程，特别是基础管理的完善，需要花费大量的时间和精力，而且当大家习惯了一种相对混乱的管理环境的时候再去改变，难度是非常大的，但是改变又势在必行，所以老板就想找一个简便快捷的方法，把人家拴在一条船上，有福同享，有难同当。这样一种走捷径的心理，也是股权激励会热的一个原因。

股权激励会热，还有一种情况是因为老板累了。做企业，对老板来说是一件非常辛苦的事情。做企业很多年，财富也积累到一定的程度，但是管理未必能跟得上，而重新再做规范的管理，再做调整，思想和行为的惯性是一种无形的阻力，也没有精力，主要是人也累了，钱也挣够了，股份就给大家分分，同甘苦共患难吧，这也是股权激励会热的一个原因。但是从动机上来讲，是老板累了，想让大家和他一起承担未来，并不是真正地为了激励员工使企业更健康规范的发展，从佛家来讲，起心动念不纯，也不会有太好的结果，事实也如此。

股权激励为什么是虚热

现阶段股权激励并不是真热而是一种虚热，具体表现就是虽然大家都在学、在谈，但是还是有很多老板不想用、不敢用或者用了效果却不好。为什么呢？

股权激励虽好，也并不是所有企业都能用。如果一个企业管理不规范，规章制度不健全甚至没有，或者财务核算不清晰，是一堆烂账，是没法儿做股权激励的。如果一个企业盈利能力低，处于亏损状态，想通过股权激励来提高公司的竞争力和盈利能力，虽然出发点是好的，也可以这么做，但是对员工却没有多大吸引力，甚至很多员工并不愿意要这种股权，因为员工远比老板们想象的要现实得多，当员工看不到企业的未来，你给他股权，他是不愿意要的。还有一种企业，老板为了管理起来简单，就选择了一种承包或类承包的管理模式，承包人每年按约定上交管理费，比如一些饭店、物业公司喜欢用这种管理方式，这种情况下实施股权激励基本上没有什么意义，因为对承包人来说，本来就是做得好就会多得，做得不好就会少得。

股权激励虽好，实施起来也不是一定就能事半功倍、收到预期的效果，还要看你是怎么用的。

有些老板表面上也在学，也非常推崇股权激励，但是真要分股份，他未必舍得，推崇和舍得是两码事。江湖上流传的“给干股不给实股，干股简单”等说法，就暴露了老板骨子里还是不愿意分股份的。如果是这样，即便你真的分了股份，也是一种变异的模式，会让弟兄们感觉非常不舒服。比如你只给干股，不仅效果不好甚至还会有负面影响，因为干股最大的一个特点就是只能同富贵不能共患难，这是大部分老板做干股激励没有意识到的。

股权激励还会带来一个很现实的问题，就是分权。如果老板权力意识很强，这个问题就会很敏感，即便实施了股权激励可能也只是表面上分了股份，并没有分权，实际上并没有实质性的激励。给了员工股份，员工就有了股权，相应的就要给员工一定的决策权，这是很多老板没有意识到或者不愿意做的。没有给员工股份的时候，你不让他参与决策特别是一些经营上的决策，大家能接受，因为公司是你的；如果你给了员工股份，却不让他有一定的决策权，那么他心里就会不舒服，因为他有了股份，企业就有他的一份，你凭什么不让人家参与决策呢？这就会导致实施股权激励效果不明显。

实施股权激励效果不好，还有一个原因就是企业文化不好，比如整个管理团队对老板不信任，这样的话，做不做股权激励都没有用，因为信任是基础，没有信任什么都没办法做好。如果一个管理团队离职率很高，本质还是老板的问题，要么是老板管理风格不成熟，要么是管理风格不对。假如现有的管理团队都是新人，平均工作年限不到两年，意味着企业还没有一个成熟稳定的管理团队，实施股权激励效果往往也不会太好，甚至会推行不下去。

要为股权激励做哪些准备

股权激励既有短期激励也有长期激励，既有约束性又有激励性，受到老板们青睐也是情理之中的事。股权激励是直接要分企业的股份给员工，员工也要成为企业的主人，这对企业来说无疑是个很大的事儿，所以我们还是要为这个大事做一些准备的，比如把企业规范到一定程度，真正意识到企业的本质，知道什么是老板该做的，知道一个真正成熟的老板最基本的素质和要求是什么，当具备了这些之后再做股权激励，就不是虚热而是真热了，效果一定要比懵懵懂懂地跟风好得多，真的能收到应该收到的效果了。

第二十一章

认识干股激励

最好的激励措施是既有激励性又有约束性，干股的激励性很强，但是约束性比较差。如果通过设计，让干股具有约束性，干股激励就是非常灵活又好用的激励措施。

干股在法律上没有明确的定义，但是在现实中，很多的中小企业都在用，只是很多人没有理解透彻干股的特点，还不能驾驭干股的使用技巧，所以遇到很多问题和麻烦，甚至造成很大损失。

干股的特点

干股是没有出资金购买的股份，所以并不是真正的股份，只是假设拥有这么多的股份来分取红利。干股的获授者通常是公司的核心层及重要员工，比如业务、技术骨干，或者是对公司有过帮助的人。干股和过去晋商用的身股基本上是一个概念，有好处也有缺点。

干股的好处。第一，干股不牵涉真正股东的股权结构，不会影响股东对公司的控制权；第二，干股风险较小且可控，出现矛盾以后不会给公司造成致命伤害；第三，干股易懂，操作简单，形式灵活，只需要做一些制度性文件或者和员工签订赠与协议，不需要在章程中体现。

干股的缺点。干股的产权不是获授者的，所以获授者会比较看重短期利益，比如他会要求每年都分红，至于企业未来的长远发展并不是他最关注的，这会带来两个问题，一是企业的现金压力比较大；二是一旦企业出现问题，或者不能分红了，干股获授者就有可能跑掉，很难培养出优秀的中层团队。

从上面的论述可以看出，干股有两个显著的特点：一是激励性强，约束性差；二是只能同富贵，不能共患难。

为什么不相信干股

在企业处于成长期，管理还不够规范甚至野蛮生长的时候，用干股做激励是最好的选择。很多老板也意识到干股的好处，但是在运用时却容易走进静态干股陷阱，比如只是简单约定了分红比例，至于什么情况能分、什么情况不能分、分哪些、什么情况可以收回等都没有约定，导致干股在实际运用时走进死胡同，比如分红不合理但无法更改、无法收回等，让企业很受伤害。

这种静态干股，干股的获授者非常乐于接受，不用花钱就可以有收益，何乐而不为呢？所以一旦做了这种静态约定，就形成了习惯，再想改变就会很难。

我接触过一个公司，老板在创业初期给了高管们一些干股，随着公司做大，高管们对只有干股心里不踏实，想要实股，老板也愿意给他们实股，就让他们花一点钱把干股转成实股，但是他们不愿意。因为在他们的意识里，干股是零投资，收益率却很高，像白赚一样，而转成实股无论如何都是要花钱做投资的，不划算，而且要承担风险。

作为老板，希望高管们能够与公司成为利益共同体，既能共享富贵又能共担风险，但是这种静态的干股却不能共担风险，相反会给公司造成不利甚至危险的后果，所以很多企业开始怀疑干股是不是真的好用。其实不是干股不好用，只是因为没有设计好。

如何设计干股

干股是一把双刃剑，用不好还不如不用，损失的一定是公司，麻烦的一定是老板。在中国把干股的优、缺点运用得淋漓尽致的是华为，其虚拟受限股就是干股的灵活运用。

基于干股的特点，我们在设计干股方案的时候一定要发挥其优点、规避其缺点，比如利用增量、贡献发挥其优点，利用约束性、递延性规避其缺点等，通常可以从以下几个方面着手：

干股获授要有条件。第一，给干股要有限制条件。比如先要有贡献，并且要任职到一定年限，在职有，离职就没有等。第二，不要长期用，干股适宜作为过渡，短期使用。在给干股的时候做好约定，比如什么时间转成优先股（享有优先分红权）、什么时间转成实股、如何转等。第三，如果一定要长期用，必须要通过绩效、时间做好约束，否则一定会对企业有伤害。

给多少，怎么给。第一，给多少干股、分红分什么，这需要公司做好筹划，根据自己的情况核算好，比如：公司利润有多少用来弥补亏损，有多少用来发展，有多少用来分红，而不是一股脑儿把全部利润都拿来分红。第二，通常可以考虑按照股份的15%—30%作为干股比例，至于每个人给多少，最好要参照每个人的贡献、年限、职位等来决定。第三，通常，大家习惯按照百分比给，实际上折成股数更合理。第四，可以分期给，根据业绩增加而增加，这种动态上升的趋势会给大家新希望。

干股分红要与业绩挂钩。干股给人一定安全感，不用干活就可以分红，但是对公司来说却恰恰要避免这种光等分红不干活的状况，所以干股分红一定要和业绩挂钩，在规定的时间内完成工作任务才会有分红，或者考核不合格分红要打折等，特别是实行干股的前几年，主动权在老板手里，一定要从公司发展的角度对干股进行约束性规定，而不是让员工感到有了干股便可以一劳永逸。

延期支付。分红一定会带来资金的压力，所以最好采取延期支付的办法，一来可以缓解资金压力，二来可以防止员工将来能分红就留在这里、不能分红就跑。可以事先约定，每年的干股分红只在当年兑现一部分，其余的延期一年或两年支付，并且期满后再从这些分红中拿出一定比例购买实股，将干股转成实股，剩余的可以选择兑现也可以选择转成实股。

用好好用的干股激励

最好的激励措施是既有激励性又有约束性，没有约束性，很容易让人利用制度的空缺放大自己人性中不怎么美好的一面。干股不是白给的，分红也不是白拿的，给的时候要有贡献，分的时候要有约束，要和绩效挂钩，本着这样的原则才可能实现干股的激励性和约束性完美结合。

利用好优点，规避好缺点，让干股具有约束性，干股就是非常好用而又简单灵活的激励工具。

第二十二章

股权激励的逻辑

自然中万事万物都遵循着自然的逻辑生存和发展，股权激励也一样。把一件事情的逻辑搞清楚，做起来就会容易得多，也不会出大格。股权激励的概念比较抽象，但是我们可以用身边具体的事件来诠释。

实施股权激励给企业和员工带来的改变在中小企业界是有目共睹的，越来越多的老板正在启动或者准备启动股权激励。但是，因为股权激励的概念比较抽象，而且在我们传统的教育框架下，很多人头脑里几乎没有这些概念的系统知识，所以很多老板心里没底，既想做又害怕做不了、做不好。自然中万事万物都遵循着自然的逻辑生存和发展，股权激励也一样。把一件事情的逻辑搞清楚，做起来就会容易得多，也不会出大格。

股权激励是一桩买卖

股权激励并不神秘，通俗的理解就是一桩买卖，一桩有特殊目的的买卖，不是以赚钱为目的。既然是买卖，那就是要花钱的，因为不花钱的东西，人往往不珍惜。我经常讲钱在哪儿心在哪儿，花钱买了搬不走的东西，一定会牵挂和关注，同时会去维护和保养，就像买了一棵果树的幼苗栽下去，要浇水、施肥、除虫才能吃到果实一样。另一方面，花钱也是代表员工入伙的诚意，诚意不是用嘴说的，而是用行动来衡量的，花钱就是表示自己愿意和老板同富贵共患难的行动。

对老板来说，这桩买卖既有资金的增加又有人心的凝聚，同时也因为附加条件增加了买方（入伙者）的背叛成本，达到留人的目的。因为买方有钱押在这里，如果他做了不道德的事，或者损害了公司的利益，使公司蒙受损失，股权是可以收回并且钱也可以扣下来弥补损失的。当然也可以有其他约束条件，比如必须干满5年，不满5年离职则要按原价收回股权等。

还有一个特殊的地方就是，这桩买卖是要用内部价格的，内部价格一定要比市场价格低，只有这样才能对买方附加各种约束条件。因为股权激励不像股份转让那样就是为了赚钱，而是要用低于市场价格的部分买员工的人心和附加约束条件，而市场行为中的买卖双方是没有权利去约束对方的。

内部价格的确定是通过内部估值来实现的。内部估值通常是以净资产为基数，如果是卖给投资人则按净资产的5倍计算，内部价格就按净资产或者比净资产低一点的数值计算就可以。如果按市盈计算，通常卖给投资人是按利润的10～20倍，卖给内部员工是3～7倍。

不花钱或者按市场价格都没有约束性，只有既花钱又按内部价格才有约束性。当然还有另外的特殊情况是不花钱赠送干股，不花钱的干股不是真正意义上的股份，只是一种分红权，需要用其他模式规避风险。

股权激励是有业绩要求的

股权激励不是为了让员工不干活，而是要激励员工自发地多干活，所以一定是有业绩要求的，达不到要求就拿不到分红。

要有业绩是股权激励的条件之一，而业绩是需要时间去完成的，所以做股权激励一定会锁定业绩，比如，给你5%的股份，你得保证业绩每年增长20～30%，并且要工作7年或者更长时间等。

通常，股权激励的对象是要达到一定标准的，比如业绩，但是有的员工会比较强势，虽没有业绩，但是会要求先给股份，这也没关系，可以让他先承诺业绩，如果在约定的时间没有达到承诺的业绩则收回股份。

总会有人担心做了股权激励老板会很吃亏，其实股权激励要求的业绩是增量，是鼓励员工创造增量，股权激励分的股份其实是未来的增量，而且比例也不大，老板不是吃亏了，而是赚了大便宜。

要找对激励的对象

股权激励有业绩要求，所以激励对象必须要有本事，能干活，如果没有本事，给他股份也没用，所以要找对激励的对象，把好钢用在刀刃上。

股权激励虽然是面向未来，也还是要把过去的事情处理好，比如对那些过去很能干、现在不能干的老臣和功臣，用业绩去考核就没有用，而是要根据他们以往的贡献象征性地给他们一点股份。而对现在能干、将来也能干的重点激励的对象，一定要有苛刻的业绩考核。

至于给多少股份合适，并没有一定之规。如果是干股，可以跟着感觉，只要双方能谈妥就行；如果是在章程上要体现的实股，就要稍微慎重一些，不要一下子给很多，通常第一次可以拿出15%，根据贡献、岗位职级、发展潜力做一下分配就可以。给多少不是最重要的，最重要的是如何合作成功，把事情做起来。

如果员工说钱不够或者没钱怎么办？钱不够让他自己想办法，如果他真的没钱，你要反思是不是你激励的对象错了。因为你的股份卖的是内部价格，已经很低了，想买的话都能买得起，除非他不想买或者他不是能干的人。如果他真的看好公司，也是能干的人，贷款他也会买，并且会把更多的心思放在公司的发展上。

股份的来源

股权激励通常都是在公司度过生存期进入发展阶段才会实施，这个时间段股份通常都已经分掉了，那么要做这桩买卖的股份从哪儿来？一个是老板本人卖，一个是股东们一块儿“卖”。如果老板的股份原本就不是很多，担心卖掉会慢慢失去控制权，可以选择让股东们一块儿“卖”，也就是增资扩股，上市公司就是增发或者定向增发，这样所有股东的股份都变小。老板卖，钱都是老板的，股东一起“卖”，钱是大家的，但大家不能拿走，只是增资扩股，如果都不想增资扩股，也可以每个股东多少卖一点。

激励的目的

特殊的买卖就有特殊的目的，股权激励的特殊目的是为了留住人，激励人，培养合伙人，培养团队，最终实现同富贵共患难。在这样的逻辑下，相信每个老板都会把这桩买卖演绎好，比如感恩老臣功臣、感恩大家的贡献、树立标杆等，当然还有竞争对手都做了我也得做，我不做的话人都跑到对手那里了等等，这些演绎都是可以的，甚至都可以把股份卖给经销商，从而形成一个生态链。

效果不好的原因

如果做了股权激励，效果却不好，大致有三个原因。第一个原因是中国人不患寡而患不均，他觉的分配不均他就不干活，这是效果不好的最直接原因。第二个原因是财务不透明，藏着掖着的，老板说分多少就分多少。第三个原因是光让大家干活不分红。中国的上市公司大部分是不分红的，这对股民来说是很悲哀的，只有增值收益没有分红收益，遇到股价暴跌时股民的境遇就很凄凉。如果是把股份卖给内部员工，就不能骗人家，就得分红，至少要比放在银行的利息高，因为员工花钱买股份，是既搭上了钱又搭上了劳动，要物有所值才行。所以股权激励要有好的效果，抛开方案本身，第一要分红，第二要透明地分，第三要分得均匀，做到这三点，不愁没有好的效果。

员工不买怎么办

如果员工有能力买但就是不买，一个可能是因为卖贵了，另一个可能是因为员工不看好公司，无论贵贱，有钱也不买。如果公司前景真的很好，那可能就是没把这个事情给大家讲明白，员工不知道是真的还是假的，不知道老板说话算不算数，是不是真分红。所以，做股权激励要有一定的预热，提前学习，提前路演，让员工明白是怎么回事。

“一桩买卖”的逻辑就是股权激励的逻辑

股权激励的概念不仅抽象，而且牵扯到企业的财产分配，所以很多老板会望而却步，不敢尝试去做，或者虽有心想去做，但是害怕驾驭不了。如果用“一桩买卖”这样具体的事件来诠释股权激励，相信没有人看不懂，因买卖而衍生的一系列逻辑关系也是清晰可见，容易理解，这样股权激励就比较简单也容易操作了。

PART 06

第六部分

内部创业与合伙人制

一个人创业很辛苦，随着社会的发展，企业界越来越重视人在企业发展中的作用，所以合伙创业、内部创业越来越被更多的人认识并接受，但是有人的地方就有江湖，所以无论是内部创业还是合伙创业，都要足够理性，把规则设计好。

第二十三章

创业路上找对同行者

你能走多远要看和谁在一起。

学会找到对的人陪你一起成长。

无论和谁同行，都要理性不要感情用事。

一个人前行的孤独与茫然

“台上一分钟，台下十年功。”人们往往只愿意关注台上一分钟的辉煌，不愿意去触碰台下十年的辛苦。同样，对做企业的人，人们关注更多的是他们的财富和奢华的生活，但是这些外在的东西都是一种表象，掩盖了他们内心的孤独，而孤独是每一个创业者都必须面对的磨难。人生最大的敌人莫过于孤独，谁能战胜它们，谁的人生就成功了一半。

现在，虽然交通、通信、资讯越来越发达，但是人却越来越孤独。人们看似很忙碌、很热闹，其实内心是很孤独的，而创业者不仅要忍受孤独还要面对未来的茫然。如果你只是孤独，你还有方向，哪怕只是跟着别人走，你也知道往哪里走，但是老板不知道，老板不仅是一个人走，他还不知道往哪里走，不知道前面的路是什么，是坦途还是火坑。

曾经有一个老板很真诚地邀请我做他的顾问，他说：“马院长，我请你最大的目的就是你在旁边帮我看着点就行。”这句话让我非常有感触。老板一个人前行，很多时候很多事情他是没法儿和别人商量的，长时间的孤独使他不敢确定他的判断和选择，这个时候需要有人告诉他：可以往前走两步。所以做企业的人有必要选择与自己同行的人来克服这种孤独。

如何与合伙人同行

很多人说合伙人不好找，那是因为你总想找到最完美的那一个，却忘记了这个世上根本就没有完美的人，我们自身也都是不完美的。所以找合伙人应该“先结婚后谈恋爱”，在大的、原则性的问题方面感觉差不多的时候就可以先“结婚”，把股份分分，然后再去“恋爱”，去磨合。

找到合伙人，并不意味着就万事大吉，还要学会经营。有人是从创业时就是几个人合伙，有人是自己走了一段路以后找到合伙人，不管是哪种情况，你都要学会分股份，既要保证合理、公平，又要保证自己的绝对控制权。

分钱、分股份是一门学问，并不比挣钱更容易。可中国人往往会受武侠小说的影响，讲义气，一开始就把股份全部都分了，而且还是平均分，殊不知这样做会给未来埋下非常大的隐患。刚开始，合伙人会很感激你，但是很快他就会认为那本来就应该是他的，一旦他不服你，你才发现，你不是大股东，没有绝对控制权，这公司你说了不算了，这个时候就会非常麻烦。我有不少学生就因为股份没有分好而陷入困境。

在中国还有一个普遍的现象，很多人创业，找不到合伙人又不愿意一个人走的时候，就和老婆一起走，这样也可以，但是这样做的一个弊病就是家和单位不分，容易产生矛盾，解决不好会很累。

不管是和股东合伙，还是和老婆合伙，都是一样的道理，就是共患难容易，同富贵难。没钱的时候大家目标很单一，就是挣钱，有钱的时候就各有各的想法，钱怎么花，能不能按我的想法，这就可能想不到一块儿了，也就是说当公司发展到一定阶段的时候，焦点就转移了，谁都想按自己的想法对公司进行管理，所以和合伙人同行到一定坎儿就需要上台阶了。

如何与“江湖大哥”同行

与合伙人并行存在的还有一种现象，就是有人在创业时找了一个“江湖大哥”，这个人可能是他亲戚或者是他朋友，多少会有点影响力。而创业者年轻，社会经验不足，人情世故不大懂，这个时候他可以帮你，但是他也只能陪你走这一段路，不可能陪你走很远。所以和“江湖大哥”的关系处理上要有分寸，要把握好，把握不好的话以后的麻烦会很多，因为这样的人往往是“请神容易送神难”。

“江湖大哥”懂点人情世故，也可能有点关系，但是一般情况是对企业管理的认识一塌糊涂，不过他自己会认为他比你懂管理，所以他会插手你的企业，干涉你的经营。可是他懂的可能是行政管理或者是厚黑管理，和企业管理是两码事。人都有一个毛病，会人为地夸大自己的功劳，哪怕他只给你说过一句话、出过一个点子，不管有用没用，他都会到处宣扬，想当年没有他，你的企业早就死掉了，想当年你很落魄，是他把你扶持起来的等等。

假如你出于感恩给了他一点股份，或者你被迫给了他股份，你可能就要面临很大的麻烦。当“江湖大哥”用行政管理的手段干涉公司的管理时，你就要花费很大的精力去解决这些问题，安抚好他，保证公司正常运营。

所以一旦找到“江湖大哥”，宁可按月给他顾问费，也不要给他股份，因为他是阶段性陪你走路的人，理性地给点顾问费，将来关系好处理，可以避免不必要的麻烦。

为什么要聘请顾问

当创业步入正轨，公司有了一定发展的时候，就需要考虑找顾问来帮忙。因为顾问是专业人士，又非常理性，能够帮你把握方向、完善基础的管理。聘请顾问实际上就是借助外脑来实现自己组织的目标。我做了多家企业的顾问，确实可以起到一些作用。

聘请顾问一定要找专业人士，最好是请管理专家或者本行业的老大。有一句古话叫“问路要问过来人”。你在创业路上遇到的问题他们早就经历过、见识过了，一眼就能看出问题的根本所在，也知道解决问题的方案。比如有个企业，制度错了，把分钱的规则定歪了，年底一算账，发现被人给涮了，亏死了，两个高管也走了。还有一个企业，几个股东一样的股份，没有工资光有分红，这就意味着干多干少是一样的，所以大家就都不干活了，光等年终分红了。如果这两家企业一开始就有外人给看着，就不会出这么大的问题，走这么大的弯路。

律师或者会计师可以从专业的角度帮你去规避风险，但是他们对管理不精通，不会在管理方面起太大的作用。如果你的企业规模还达不到，这方面的顾问可以不请，但是管理方面的专家和本行业的老大，是有必要请的。黄光裕当年创业的时候就请了管理学专家赵建华教授做他的顾问，成功创建了国美电器这个家喻户晓的家电零售连锁企业。

对小的创业者来说，可能会顾虑聘请顾问是不是会花很多钱，其实不需要担心，能做你顾问的人，一般不会在乎钱，他们关注的是你值不值得帮，如果他看好你，看好你的公司，他可能不要钱也会愿意帮你，而且越是优秀的人越愿意和别人分享。如果经过多年磨合，和顾问相处不错，人家也确实能帮到你，但是你不愿意给钱，或者是你给不起钱，那你给一点点股份，也是一个非常好的选择。

为什么要聘请外部董事

当公司发展到一定规模，就必须通过完善公司的治理结构才能让企业的发展上新台阶，创业者必须有这个意识。完善公司治理结构的关键一步是成立董事会，董事会有一个关键的职位就是外部董事（包括独立董事）。设立外部董事的席位，聘请管理专家或者本行业的领袖或者金融专家担任独立董事，很有必要。福耀集团曾经就聘请了中国第一位审计学博士李若山、经济学博士吴世农、管理专家仝允桓做独立董事。独立董事是有表决权的，而顾问没有。

董事会下还要成立两个关键的委员会，一个是战略委员会，一个是薪酬与提名委员会，或者叫薪酬考核委员会，这样可以使完善公司治理、制订公司战略、培养人才、对高管的绩效考核等更加科学和规范，使决策更加理性。

成立董事会还有一个好处，就是创业者们不会被亲情和感情绑架。没有董事会，用感情说理永远也说不清楚，只要有一个人反对，你就不知道怎么是好，有了董事会，用投票说理非常清晰，只要投票过半数就可以通过。

为什么要加入私人董事会

如果创业者担任董事长还好，压力会小些，如果担任总经理，就还要面临很大的压力，因为每年开董事会的时候他要给董事会述职，董事会要给他任务，在这个过程中他遇到困难该怎么处理，谁帮他解决？

国际上流行一种很好的组织叫私人董事会，简称私董会，就是十来个不同竞争领域的同等规模的企业老板再加上一个专家顾问组成的一个比较私密的组织。因为是同等规模，所以他们之间的问题都是相通的。在私董会里，他们之间相互讨论，相互学习，并且有专家给予辅导，可以集大家的智慧共同发现问题和解决问题。

前些年我们熟知的“泰山产业研究院”民间俗称“泰山会”，就是这样一个私密的、民营企业家的互助组织，会员都是国内达到一定量级的民营企业家，比如四通集团段永基、联想集团柳传志、万通集团冯仑、巨人集团史玉柱等，“泰山会”的会员中，也有顶尖级的经济学家，比如吴敬琏。当年史玉柱东山再起的时候他首先感谢的是“泰山会”这个娘家在关键时刻救了他一把。

也有一些零散的民间组织在无意间组成了这种模式，比如山东齐河有一家企业的老板，十多年前，把公司从乡镇搬到县城，人生地不熟，就找了十来个同等规模的创业老板，每个月定期聚会、学习，无意中成立了一个互助组织，其间经过不断地改进和完善，十多年过去了，每个企业都发展得很好。

最近这些年私人董事会走红，不少培训机构、俱乐部开始打着“私人董事会”的旗号做活动，但是如果没有合格的教练，那么活动的品质一定会良莠不齐。如果老板加入了不懂流程设计的私人董事会，比如保密机制没有做到位，那么也可能会带来不少负面效应。所以，创业者再孤独，也要保持理性，保持最起码的判断力，不能乱打乱撞。

找到对的人同行

企业成长的过程其实就是一个老板成熟的过程，老板成熟的过程就是一个学会系统地借助外力的过程。创业路上的孤独一直都在，只是不同的时期会感受到不同的孤独，关键是你要学会找到对的人和你同行，即便是长途跋涉，旅途劳累，一样可以欣赏到一路风景，一样可以赏心悦目，关键看你和谁在一起。

第二十四章

王品的内部创业为什么那么成功

内部创业远远比我们想象的要复杂，那么为什么台湾的王品集团可以在内部创业这条路上走得那么成功?

内部创业是趋势

创业是很多人的梦想，尤其在今天鼓励大众创业、万众创新的时代，但是创业并不容易，需要具备很多的条件，比如项目、资金、人员、制度、市场等，都是创业者需要面对和解决的难题，他们需要一个平台可以扶持自己去解决这些问题，完成自己的创业梦想。

企业发展到一定阶段，也是非常愿意搭建一个平台让员工去创业的，因为这样一方面能够拓宽企业的领域实现扩张，另一方面能够给优秀员工更大的发展空间，既能留住人才又能更大地发挥他们的才能，给企业带来活力，所以很多企业都在搭建这样的内部创业平台。

和所有事情一样，内部创业有成功的也有失败的。比如海尔的内部创业孵化模式就得到了普遍性的肯定，而华为却遭遇了“港湾劫”等。内部创业非常成功的还有一家餐饮企业，就是台湾的王品集团，其在内部创业这条路上走得更深更远，本章将重点论述王品为什么那么成功。

王品成功在哪里

王品集团是台湾第一大餐饮连锁集团，创立于1993年，王品之所以可以成功地拥有包括王品、西堤牛排、陶板屋等十多个知名品牌，拥有旗下400多家门店，并且快速占领大陆市场，与其推广的内部创业计划是绝对分不开的，换句话说正是其内部创业计划的实施给王品带来了大范围的开枝散叶。那么多的品牌多来自不同的门店自创，这在餐饮界并不多见。多品牌全面繁荣并且可以快速延伸发展，是王品内部创业计划成功最好的见证。

由于种种原因，2015年王品集团走入低迷期，原董事长戴胜益退休，原大陆事业群的董事主席陈正辉接任董事长。新官上任自然会有诸多调整，比如改变冲刺展店的策略并且关掉台湾地区不赚钱的门店等，但是持续创造新品牌的策略并没有改变，因为多品牌经营已经成为王品成长的基因。不同的是，过去王品都是自创品牌，而现在则是自创和合作代理国外品牌双头并进。2016年初王品就已经把新加坡中式餐厅“莆田”引进台湾，开始进军中餐领域。

两任董事长都在坚持多品牌策略，只是新任董事长的多品牌策略更开放了，这更足以证明王品内部创业平台的成功。

王品做了什么

内部创业说起来简单，也很有诱惑力，却远远比我们想象的要复杂，它是一个体系、一个系统，要有很深厚的文化做奠基才可以。那么王品为其内部创业计划做了什么？

标准化管理。标准化管理是企业规模化的前提，王品的标准化管理为其内部创业计划实施打下了坚实的基础。他们知道唯有“标准化、系统化和制度化，企业才能永续经营”，所以在王品台塑牛排这个品牌开出了7家店以后，王品放慢了展店速度，整整有一年时间，完全停止开新分店，就是为了完善标准化管理制度。在王品，每个品牌、每个餐厅、每个区域、每个环节，都有一套严谨的标准化流程，他们称之为SOC（Station Observation Checklist，工作检查表），既保证了食物和服务的品质一致，也有利于门店的快速复制，据说他们的SOC训练手册有40多本，每本都超过140页。

全员分红。在王品，不是年终才分红，而是遵循“即时奖励，立刻分享”的原则，一月一次，这个原则源于戴胜益在创立王品之前看海豚钻火圈表演受到的启发。只要门店赚钱，每个月都会拿出利润的33%隔月分享给这家店的员工。这样的即时分享让每个店的经营都和个人利益挂钩，每个人的收入都和自己的付出直接挂钩，所以员工自己会主动关注组织的未来，主动付出自己的努力。

员工持股。在上市之前，王品的员工持股计划规定，只要在王品工作满一年，从店长、主厨到经理以上的管理人员，都可以加入员工持股计划。2012年上市之后，考虑到一些新进的员工可能虽然已经到了店长或主厨的岗位，但是未必会在公司持有股票，所以公司为这些人做了“持股信托”：员工每月可以计提薪资的3%来认购王品的股份，而公司则计提该员工薪资的30%支持其认股计划。在王品，每成立一个品牌、开一家分店，都会让店长、主厨到经理以上的管理人员依比例入股。这样员工变成了股东，成为公司的主人，既有了安全感又有了责任感和使命感，都会主动为公司的发展出力。

狮王计划。狮王就是内部创业者，通常是高层管理人员，比如达到门店副总资格的，有创业愿望，不愿在集团内被指派，公司也发现其有领导能力，就会放权让其自己创立一个新品牌而成为狮王，出任这个新品牌的总经理。当然，要成为狮王并不容易，比如，新品牌不能与现有品牌形成同质化竞争，新品牌方案必须经过集团中常委认可才能开始实施，新品牌的实施也有严格的审核条件，达不到要求就必须闭店等。狮王计划一方面可以看作是王品的高层人才选拔计划，另一方面其实是其内部创业计划的落地之举，正是狮王计划让王品拥有了十几个餐饮品牌，也成就了很多狮王。

现在狮王计划的具体实施有了一些变动，为了有效统筹资源，改变过去一律由“狮王”担纲新创品牌、成功者提任为品牌总经理的模式，改为“组织型创业”，成立“两岸新事业小组”，以专业分工形式由组员针对新品牌的定位、市调、产品与服务等进行研究，成熟以后由培养好的狮王负责运营。

幼狮计划。因为餐饮业门槛比较低，所以人员层次普遍不算高，从这里面培养老板式的人才，成功的概率会很低，所以王品启动了一项幼狮计划，从高校招聘优秀大学生进行6个月的严格脱产训练，由区域经理放下手中所有的工作，6个月全程培养，从基层的洗马桶开始到完成一个店长所要完成的所有课程，然后是4个月的衔接训练。目的是培养未来的“狮王”，为狮王计划做人才储备。幼狮计划用不到一年的时间就让青涩的毕业生快速成长为能够独当一面的主管，培养的幼狮中已经有不少人担任了店长、副店长等职位。如果说狮王计划源自对人性的了解，那么幼狮计划就是对行业的了解和对未来的长远规划。

光环的背后是什么

内部创业实际上就是企业搭建的内部合伙人制，只是各个企业赋予了不同的称谓，狮王计划就是内部合伙人制的成功典范。我们看到的是王品把内部合伙人制运用得炉火纯青这样一种结果，其实我们更应该去探究这种结果的光环背后深厚的企业文化。

将文化融入系统。文化其实是一个很抽象的概念，看不见却无处不在，企业文化也是，很难单纯地用文字表述清楚，但是企业文化的好坏却时刻决定着企业品质的好坏。或许一个企业的操作系统就是企业文化的最好展现，就像一个人的举手投足无不透露着这个人的文化涵养一样。

王品的企业文化蕴涵了创始人的智慧和对人性的理解、把握，并通过各种制度和计划把文化融入企业运作的系统里，落到利益管理层面，深入到人心和每一个操作细节，而我们也只能从这些细节里窥探到一点点王品的企业文化。

乐于分享的文化带来双赢结果。他们知道人员稳定特别是核心管理人员的稳定对公司发展的重要性，更重要的是他们知道怎么做能让这些人留下来，稳定下来，他们用顺应人性的员工持股计划和全员分红就达到了双赢的结果。据统计，王品的员工流动率仅为5%，主要是基层的服务人员，店长、主厨及以上管理层员工的流动率不足1%。

员工入股和分红让我们看到了王品创始人乐于和员工分享财富的胸怀，没有让贪婪左右自己的行为。让员工入股，看上去创始人的股权是稀释了，结果却是收获了员工和企业同甘苦共患难的伙伴关系，收获了企业的蓬勃发展，而活着才是王道，只有活着财富才是活的，才会有机会创造更多的财富。

约束人性中的弱点。被尊重、被信任是人精神层面的需求，对利益和财富的追逐是人基于生存层面的需求，而贪婪也是人性中不可忽视的弱点，所以王品在用入股和分红满足员工精神层面和生存层面的需求的同时，在王品“宪法”中第一条就规定：“任何人均不得接受厂商100元以上的好处。触犯此天条者，唯一开除。”这一规定其实是为了保护员工不被自己的贪婪吞噬，却带来意想不到的好处。

因为王品可以给员工足够的尊重，更能给员工与付出相匹配的收入，只要在王品努力工作，该有的就都会有，倘若贪婪，就会失去一切，真的是得不偿失，没有谁会傻到这个地步。从另一方面，因为这一条“宪法”让王品杜绝了员工拿回扣，就能保证采购成本不会升高，利润不会下降，受益的不仅仅是王品，也是王品的每一个员工。这就是一个良性循环，不仅表现在数字上面，更多的是加深了王品企业文化的厚重。

满足员工的内在需要。中国人有一种宁做鸡头不做凤尾的心理，尤其是有点能力的人，所以任何一个企业都会面临这样一个非常现实的问题，自己培养、训练出来的优秀员工可能会出去单干或者被挖墙脚，那么聪明的做法就是与其让这些能人将来成为自己的对手，不如释放他们的才干，挖掘他们的潜能，为自己所用，既满足了这些优秀员工的内在需要，又带给企业新生力量和凝聚力。

王品就是这样，用一个狮王计划做到了这一点。当然狮王计划能够成功，也与其推广的入股和分红计划密不可分，或者可以说狮王计划是在非常成熟的共创共享的文化背景下水到渠成的。

从结果往回看

无论是成功的案例还是失败的案例，从结果往回看，总是能找到原因，王品的成功也不例外。不管王品的多品牌策略是被逼出来的还是主动应对市场的结果，王品的成功都是理所当然的，因为王品经过多年积累已经建立起一套成熟的操作系统，做足了准备工作。

牢固的基础。王品的内部创业计划是在公司经历了十年的发展以后才去做的，有牢固的管理基础，比如管理的标准化，统一采购，不仅可以降低成本，也降低了创业难度。还有全员分红和员工持股，一方面让员工直接分享了公司的财富，调动了积极性，另一方面却是有很深远的意义的，因为这让员工在潜移默化中就有了主人的意识、经营的意识，培育的是一种潜在的力量。而信息透明、财务公开也让员工直接对成本、利润有了直观的体验，在这样的氛围里，培养起优秀员工的老板意识就比较容易、比较直接，这个时候再让员工当老板，跨度就小一些，成功的概率就要高很多。牢固的基础是王品内部创业计划成功的有力保障。

渐进的过程。王品成立之初就开始采用的每个月分红，可以理解为干股分红，与所有权没有关系，可以调动员工的积极性，但是员工会更关注短期利益。当店长、主厨等管理人员可以认购门店的股权，门店的所有权开始向员工开放，员工成了股东、合伙人，就不会仅关注短期利润，而是会更加关注门店的长远发展，不会有短期行为。当高管独创新品牌成立公司，新公司的经营权、分红权、所有权、控制权是全部开放的状态，那么创业者一定会全身心投入其中，这是最好的状态，会带来最好的结果。

王品的内部创业成功不是突然爆发的，而是一个由松到紧，由小到大，由虚到实，一步一步成长的过程，是从培养合伙人意识到搭建内部创业平台，从形式到内容彻底对应起来，用一个系统在支撑的结果。内部创业不是一个点子，也不是一个技术，它必须在一个可靠、稳健的体系下才能实现。

该学的是道而非术

王品的成功在于顺应人性的企业文化和基于此而形成的一套操作系统，我们看到的王品所有的成就、变化和结果都只是其企业文化的有形展现，我们真正该学的并不是王品那些具体的做法，而应该是无形的文化和理念，或者说该学的是道，而非术。

第二十五章

从责权利看合伙人制机制设计

到目前为止，还没有一种组织方式是一劳永逸、恒定不变的，不变的只是正确的逻辑。合伙人制也不是完美无缺的，所以合伙人制也需要根据逻辑去做机制设计，让这种方式趋于完美，规避缺点和风险。

合伙人制这几年在商界比较受关注，像万科、阿里巴巴、小米、汉王、复星等一些著名企业都在推行合伙人制，很多中小企业也在学习和尝试。大家都非常看好这种创业或经营模式，这种模式也的确非常有效，不过在实施之前我们还是要分析、理解透彻，并建立起与之匹配的合理机制再去落地，这样成功的概率就要高得多，不然就会为一知半解和仓促实施付出代价。

合伙人机制包括很多方面，比如合伙人的进入机制、退出机制、决策机制、分配机制等，本章只论述其中的利益分配机制，也就是最基本的责权利的匹配。

不同时期的责权利主体

在现在的企业里通常有三种人：投资人、员工、合伙人。投资人只出钱，员工只出力，合伙人既出钱又出力。从概念来看，合伙人制本质上是让人力资本这种生产要素的利益主体都拥有主导权，最终实现“共同出资、共同经营、共享利润、共担风险”的目的。

在工业化时代，货币资本起主导作用，人力资本起辅助作用，资本决定企业控制权和剩余收益权，经理人只是资本的委托代理人，其权力有限，并受到资本的监督，收益也有限，并且是税前收益。由于是资本决定着企业控制权和剩余收益权，所以资本也承担所有风险，权利和义务是对等的，这种状况是合情合理的。

在知识经济时代，人的因素越来越重要，特别是在很多轻资产领域，人力资本也就是合伙人或合伙人团队开始起主导作用，货币资本起辅助作用，合伙人决定企业控制权，如阿里巴巴、小米、万科等，这种情况下剩余收益权该由谁来决定呢？通常，结果在哪里，心就在哪里，利益在哪里，重点就在哪里。如果此时让资本决定剩余收益权，合伙人显然不会愿意，而合伙人决策产生的风险比如重大亏损等，如果让资本承担全部或者大部分也是不合理的，那么只有让合伙人决定剩余收益权，才能充分体现权力和责任对等、风险和收益对等的原则，才是比较合理的，关键是怎么设计这种机制呢？

合伙人机制设计的几种模式

在合伙人和投资人并存的企业里，会有多个利益主体，针对每一个不同的利益主体，可以设计不同的治理模式，可供参考的模式是有限合伙制。在有限合伙制中，有限合伙人（LP）负责出资，不参与管理，不承担风险；普通合伙人（GP）负责投资经营管理，虽然只是出了一部分资，也要承担无限责任。还有一种可以借鉴的模式是投资理财中的“优先”和“劣后”理论，优先级收益享有相对确定且封顶的预期收益率，如债权人，而劣后级收益则没有确定的收益率目标，投资所产生的剩余收益都归属于劣后级，当投资发生损失时，则首先由劣后级承担，最后才是优先级，体现的是风险和收益对等原则。

在由合伙人主导或部分主导的企业里，通常要根据公司章程中赋予合伙人的权力来确定合伙人应该承担的责任，这是比较理性的方法。如果合伙人掌握经营权，那么合伙人就要承担所有的经营风险；如果合伙人掌握决策权，合伙人就要承担所有的决策风险，只有这样才是对合伙人和投资人比较合理、公平的模式。

责权利高度统一是合伙人机制设计的重点

合伙人机制，其实就是责权利高度统一的机制，出发点从权力开始，有多大权力，就有多大责任，并享有相对应的利益。

我个人认为在这个方面做得最好的就是济南的韩都衣舍了，它的小组制非常典型。他们把一线部门分了280多个小组，各个小组经营权完全由他们自己掌握，各个小组的责、权、利高度统一，如表25-1所示。

表 25-1　韩都衣舍小组制的责、权、利

事项	含义
责任	每年10月份跟每一个小组制订明年的生产计划和销售计划，含销售额、毛利率、库存周转等责任
权力	款式、颜色、尺码、库存、价格由三人小组商定，公司只限定最低加价标准
利益	奖金 = 销售额 × 毛利率 × 提成系数

在工业化时代，人力资本既不承担风险也不享有最终的剩余收益，而在知识经济时代亦即合伙人时代，当人力资本主导企业时，人力资本就应该享有最终收益并承担最终风险。也就是当投资取得相对合理、稳定或有一定增长的回报后，剩余的收益都应由合伙人来分配，如果发生亏损，也应由合伙人承担亏损，同时还要支付投资人应得的合理回报。图25-1和图25-2就是对不同时期人力资本享有的收益分配不同的描述。

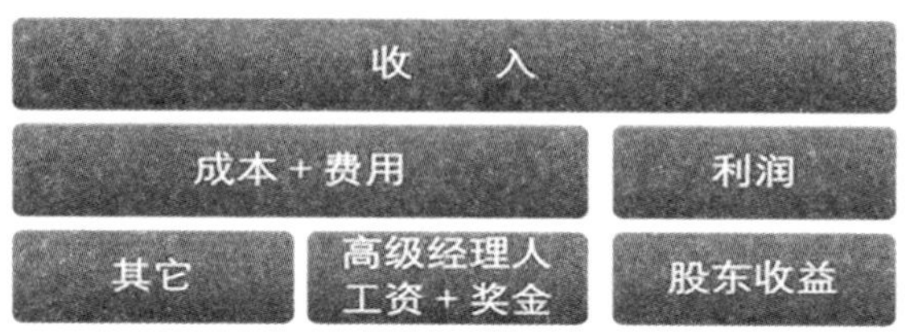

图25-1　工业时代的分配结构

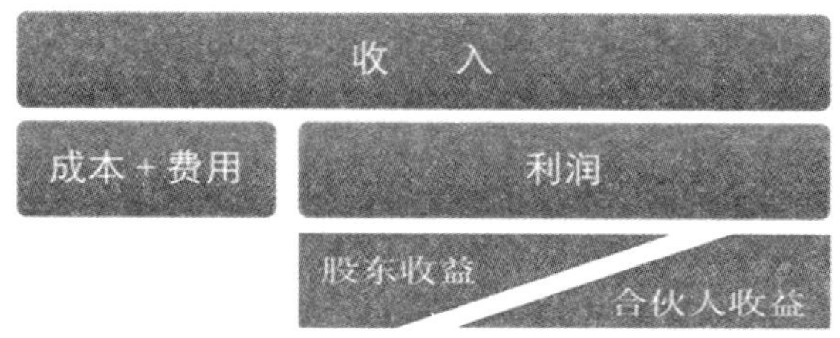

图25-2　合伙人时代的分配结构

为了避免出现发生亏损时合伙人无力承担的困境，可以采用延期支付的方式把每年度合伙人应得收益的一部分留在企业作为风险保障金。泰山管理学院就是这么做的，各个部门年终奖金的1/2延期两年支付，如果未来有亏损就要先用来弥补亏损。

菏泽真得利便利连锁超市采用的也是类似的模式，这家公司每年的现任店长和部分优秀的副店长都可以竞聘所有门店店长，谁的目标高，谁当店长，如果到年终未完成承诺目标，则应先补齐公司应得收益（完成目标时的公司收益），没能竞聘上岗的就自动下岗。经过多年实践，效果非常好，如表25-2所示。

表 25-2　真得利连锁超市收益分配表

利润目标	团队奖励	公司收益
240 万元	45%	55%
160 万元	35%	65%
100 万元	20%	80%
60 万元	10%	90%

这样做的好处就是可以达到权力和责任、风险和收益的高度统一，投资人、合伙人、经理人各自享有各自的权力并各得其所，同时也承担各自相应的风险。当然，这三者的身份并不是割裂、一成不变的，而是可以相互转化的，比如公司可以通过股权认购和股权激励让经理人成为公司合伙人。同样，如果合伙人有别的追求而离开公司，那他也可以做一个纯粹的投资人。但是不管如何改变身份，责权利的统一始终是合伙人制的重点。

合伙人机制需要不断完善

任何事物都不是十全十美的，合伙人制也一样，比如，合伙人会不会利用自己对企业的控制权伤害投资人利益？会不会产生关联交易？会不会有合伙人搭便车等？这些都是要在设计合伙人机制的时候充分考虑的，并且需要及时调整，或者结合其他模式一并使用，保证合伙人机制可以发挥其最大的正向作用。

人类的伟大就在于能够在动态中不断完善不完美的，纠正偏离正轨的，让事情向着正确的方向发展，而不是止步于各种的缺陷中，或者因为不完美而放弃行动。

第二十六章

合伙人相处的基本原则

> 人是会变的，所以人本身是靠不住的，唯一靠得住的就是规则，
>
> 而规则是一种契约。

合伙人怎么合伙，股份怎么分，我在相关的章节中论述过，也谈到合伙之后需要建立规则，但是怎么建立规则、建立什么样的规则并没有详细论述。现实中大家对规则本质的认识还不够透彻，所以实践中很容易做偏。合伙人之间的规则就是合伙人的相处之道，本章就从合伙人的相处之道来分析规则的本质。

不能靠权力相处

在中国五千年的历史进程中，等级观念和平等理念虽然一直在相互制衡着，但是平等理念并不是多么根深蒂固，相对于权力的力量还是有些弱小。所以，随着时间的流逝，留下来的更多的是专制的烙印和承传。这是基于人性自私和权力放纵的结果，人与人之间缺少了足够的尊重和平等。人与人之间，也都是上下级关系，包括君与臣、父与子。中国人习惯了在外听领导的，在家听父母的，父亲不在，听大哥的……这种习惯在一定程度上可以认为是一种秩序，但是这种秩序背后却隐藏着我们不愿意面对的事实，那就是我们什么时候听真理的。

《水浒传》里那些上了梁山的汉子们想要的只是弟兄们一起大碗喝酒大口吃肉，平等相处，但是宋江却以大哥的权力决定了梁山好汉的未来。现在，我们也经常会看到，刚开始几个志同道合的弟兄，一旦合伙成立了一家公司，慢慢就变得不会平等相处了，凡事大哥都要说了算，这种现象带来的直接后果就是影响合伙人之间的关系直至影响公司发展，结局通常都不会很乐观。这种靠权力相处的模式在未来人们合伙创业时将不再占主导地位，因为现在越来越多的人，特别是80后90后，越来越追求自我，追求独立，靠权力来掌控合伙人相处的基础已经不存在了。

不能靠道德相处

中国在历史上是一个有着深度文明的国度，一个礼仪之邦，历史的积淀以及现代人传统文化精髓的缺失使得我们在和别人相处时更喜欢讲道德、讲感情、讲仁义，却忽视了一个事实，那就是感情、道德和仁义是说不清楚的，因为没有标准。谁都会认为自己有理，小人不会认为自己是小人，坏人也不会认为自己是坏人，在这样的基础上去讲道理、讲感情、讲仁义是没有意义的，也是说不清楚的，只是内耗而已。

正因为没有标准，所以权力成了道德的最大诠释者，权力说是什么标准就是什么标准，大到国家小到任何一个组织，都会是这样。比如现在弘扬个体创业，鼓励发展私营企业，为社会创造财富，可是在改革开放前这是不允许的。又比如如果一个企业没有制度，凡事都只遵循老板的意愿，那么这家企业一定会出现老板根据个人喜好去任免、奖罚员工的现象，也会出现员工把心思放在如何讨好老板上而不是放在如何做好工作上的现象，因为老板就是企业的一切标准，这就是权力绑架道德的结果。

其实，道德本身也不是适合所有人的千篇一律的标准，道德的标准来自每个人的内心境界，有高有低，不可能完全相同。也正是因为这样，才有了社会上形形色色、不同境界、不同觉悟的人。也正是因为这样，合伙人相处时就不能用自己认可的道德标准去要求别人。道德是用来约束自己、要求自己的，不是用来要求别人、约束别人的，不然一定会陷入各说各话的死循环中，相互伤害。

要靠规则相处

既然权力不管用，道德不管用，感情不管用，仁义不管用，那么合伙人相处到底要靠什么？靠规则。既然是合伙人，大家在人格上就是平等的，而平等对应的就是一种规则，不是权力，不是道德，也不是感情，所以我们首先要确定合伙人的规则，这是能够保证平等的基础。

谈到规则，可能大家都懂，但是却未必真正知道和了解在企业里都有哪些规则，应该如何确定规则。所以真正做起来要比想象的难得多。

合伙人相处要遵循的规则必须在合伙规则范围之内，是小规则和大规则之间的关系，也就是说合伙规则是合伙人相处规则的前提，也可以称这种大规则为“规则的规则”，比如几个合伙人，有的出资多，有的出资少，有的贡献大，有的贡献小，那么做决策时权力怎么分配、怎么做决策、谁做决策、谁做监督等，这些就是“规则的规则”，其实就是议事规则。在企业里，股东会、董事会、监事会、高管会都有各自的议事规则。而股东会、董事会、监事会、高管会这些机构的运行规则就是公司的议事规则，大的叫公司治理，内部的叫公司管理。

当议事规则定下来之后，就要在议事规则下设计更具体的规则了。所有的规则都要靠上一层的规则来产生，比如公司大的规则由董事会来产生，公司的内部制度由公司的高管会来产生。所以这些结构要设计好，才能产生出公司内部的规则，然后合伙人在一起相处，就可以制定出具体的合伙规则，比如收益规则、分配规则、退出规则等，在经营层面也就是内部管理层面上，我们可以制定诸如激励、流程、内控等规则。

制定规则虽然不容易，但是厘清主次和轻重以后就会容易很多，而且有框架结构可以借鉴，通常不会有大的闪失，但是规则定下来之后，还要去遵守和执行，这也是合伙人能够平等、有秩序相处下去的关键，否则规则就形同虚设，甚至还不如没有规则。

规则是一种契约

规则其实就是一种契约。西方的发达，包括现代文明的产生，其实就是来自于契约精神。美国那个死于1797年的5岁小男孩的墓能够被完整保存下来，并且在死后100年与美国总统格兰特毗邻而居，靠的就是一个又一个的买卖契约，契约上面没说道德，也没说仁义，仅仅就是一种约定，大家都在遵守这种约定。表面上看只是遵守契约，实质却是一种对契约的信任与敬畏，体现的是一种精神。

人是会变的，所以人本身是靠不住的，唯一靠得住的就是规则，前提是我们要对规则怀有一颗敬畏之心，慢慢就会形成一种契约精神，形成一种基于契约精神的长久的商业文明。

第二十七章

给别人安全是合作各方的共赢法则

给别人安全，是对别人的信任和尊重，是一条不得不学的共赢法则。不管你处于怎样的位置、扮演着怎样的角色，都要学会顾及相关各方的安全感，别人安全了，自己才会更安全，企业才能健康发展，社会才会更加和谐。

有安全感的合作才会共赢

我回家晚了又恰巧手机没电，我太太联系不上我的时候，她总是担心我是不是在路上出了什么事儿；当员工和老板有矛盾的时候，员工最大的担心就是会被老板开掉。也就是说，人在面临风险的时候，往往都会往最坏处想，所以我们无论做什么事，在事前设计游戏规则的时候都要考虑对方的安全感，让对方有足够的安全感。

可是事情还不止于此，更多的时候人们还会往最坏处打算并自救。比如几个人合伙开公司，当发生矛盾的时候，小合伙人会因为有更强烈的不安全感，而偷偷转移客户资料或者转移公司资产以便保全自己并为单干做准备。但真实的情况是他们可能仅仅有了一点点的矛盾，是很容易就可以解决的，大合伙人也根本没有让小合伙人离开的意思，却因为小合伙人没有安全感可能不欢而散或者产生不可弥合的隔阂。由此可见，只有双方都有了安全感，合作才会共赢，也才能长久。

给合伙人安全

当我们合伙成立公司时，在股份设计上一定要考虑给小股东安全感，最起码要给几个小股东可以联合起来的否决权，这样他们就不会担心自己成为摆设或者被甩掉；在董事会上也要考虑小股东的安全，给他们一定的席位，让他们有一定的决策权或者否决权，他们有了主人的感觉，对企业才是最安全的。感觉安全了，心才会全放在工作上。同样的道理，无论合作什么，即便是一些小事也应该遵循这样的原则设计规则。

公司治理成熟了，企业就相对安全了，但是公司治理是一个漫长甚至是痛苦的过程，需要老板能足够的包容，所以老板必须要有充分的思想准备，不能因为过程痛苦或者漫长就放弃。比如《中国合伙人》的现实版，如果俞敏洪没有让他的弟兄们有足够的安全感，那帮弟兄们也不敢跟他闹，甚至把他从董事长的位置上赶下来，最惨的时候他只是担任新东方的教学部主任。如果没有俞敏洪“自伤式”的包容，他那帮弟兄们可能早就走了，也就不会有今天的新东方了，俞敏洪最终以一个人的包容成就了弟兄们和新东方。

给员工安全

如果员工这样问老板：“我把青春给了企业，企业能给我什么？”我相信很多老板都难以切实回答这个问题，员工就更会有这样的担心。很多老板是因为不愿意给别人打工才自己做老板，那么自己做了老板以后，凭什么要求别人给自己打工？虽然并不是所有的人都有做老板的能力。这个问题还是应该从钱上入手去解决，所以作为老板不但要学会怎么赚钱还要学会怎么分钱，特别是分股份。员工有了股份，就相当于和老板是一个长期利益共同体，每一个人都是在给自己做事，就都有了安全感。

还有一个问题，就是老板一定要站在经理人的角度上思考一下，如果经理人到40岁了还没有什么股份，他们的内心其实是很恐惧的，因为一旦失去工作，他们再找工作是很难的。前些天讲课的时候，一个财务总监就这样告诉我说："如果不是老板给我股份，我是不会来的。"

学会分钱解决的是大问题，给员工安全感其实还要渗透在日常管理的细节中。在日常管理中，老板一定要按照规则办事，这里的规则指的是"法治"，而非"人治"，不然老板就可以凭个人的好恶随意评判一个人甚至开除一个人。当规则成了摆设的时候，对员工来说风险是非常大的，他们就会有非常强烈的不安全感，要么处处巴结老板，要么宁愿不做事也不做错事，果真如此的话，耽误的还是公司的事。如果都按照规则办事，员工关注的焦点就会在公司的事上，而不是在老板的喜好上。当遵守规则成为习惯，规则成为保护伞，还有谁会感觉不安全呢？

给老板安全

有这样一个寓言故事。乌鸦和狗熊一起坐飞机，飞行途中，乌鸦很拽地对空姐说："给爷来杯水。"狗熊也学它的样子说："给爷来杯水。"空姐心有不满，还是把水端给了它们。空姐很漂亮，乌鸦就用翅膀拍了拍空姐的屁股，然后冲着狗熊洋洋得意，狗熊也学着乌鸦去拍空姐的屁股，空姐很生气，把它们一起扔下了飞机。乌鸦扇动着翅膀得意地对狗熊说："看你那熊样，我有翅膀会飞，你有吗？"这个寓言故事告诉我们，有时候同样的境遇对不同的人可能是不同的结果。

通常，如果企业垮了，员工可以像那只乌鸦一样轻松地跳槽，而老板就只能去跳楼了。如果这一刻出现，经理人心里对老板的潜台词可能就会是：我天生是跳槽的命，你就是跳楼的命。可是如果一个经理人频繁跳槽，那么将不再会有老板敢用你，要跳楼的可能就是你了，所以经理人也要学会考虑老板的安全。在经理人眼中很小的一个事儿，老板可能就会莫名地发很大的火，这是因为承担的风险不一样，责任不一样，压力也不一样。所以经理人在做事情时，要尽可能把事情做好，方方面面都想周到，过程和结果都要透明，都要在预算及可控范围内，特别是一个经理刚刚到一家新公司的时候，更应该这样。

别人安全了，自己才会更安全

其实生活在这个社会，不管你是哪个群体，不管你的身份高低，也不管你为谁工作，都要学会考虑别人的安全，比如城管执法要考虑小商贩的安全，拆迁部门要考虑拆迁户的安全等，也许你认为自己只是为了完成一份工作，可是对有些人来说却可能是整个世界都没了。给别人安全，是对别人的信任和尊重，是一条不得不学的共赢法则。别人安全了，自己才会更安全，企业才能健康发展，社会才会更加和谐。

第二十八章

如何搭建企业内部创业平台

内部创业平台的概念，这些年在企业界比较盛行，我们并不陌生，比如王品集团的狮王计划、韩都衣舍的小组制、海尔的内部创业孵化模式等都是很成功的案例，当然也有不成功的案例，比如华为就遭遇了“港湾劫”。那么到底应该如何搭建企业内部创业平台呢？

成功的关键要素

做任何事都需要天时、地利与人和的默契与和谐。随着社会资源的开放，人们对财富以及实现自我价值的追求越来越高，创业就成为人们热衷的途径，而“大众创业、万众创新”的倡导更是唤醒了很多有创业梦想的人，但是个体创业并非易事，所以就催生了企业去搭建自己的创业平台，目的是留住人才为己所用，同时又能让个体实现梦想。

搭建内部创业平台，要考虑三个关键要素：一是项目要好；二是要有一个好的总经理；三是要有一个好的团队。项目要好，很容易理解，好的项目成功率高。一个好的项目通常要具备前景好、商业模式好、市场潜力大、没有竞争对手等条件，也就是要占据地利的优势。

假设内部创业的项目都是好的，那么最关键的就是人和了。天时、地利再好，没有好的人和团队去运作也不行。世间事都是人去做的，而不同能力、不同担当的人做事的结果也不同，所以大家都非常看重人的因素在企业运营中的作用。比如风投，表面上看投的是项目，实际上是投人，他一定要看这个项目是不是有好的总经理，而且还要透过总经理去看创业团队怎么样，所以人的因素是至关重要的。

要找到好的 CEO

要找到一个合适的人做CEO，可以用“想干”和“能干”做标准，谁“想干”又“能干”，谁就是这个合适的人选。

衡量一个人是不是想干，要看他是不是想出钱，而不是听他说的有多好。因为他投入的多少决定了他会用心多少，或者他有多少信心。如果一个人以没钱为借口不想出钱，那么他可能不一定真想干，或者不是想真干，也可能就是没有能力。有能力的人即便是缺钱，也一定能找到钱。中国大多数老板都是“草根”出身，没钱，但是他原始的启动资金还是能找到，因为他是真想干，这是老板的特质。所以，他如果想干，一定愿意出钱。

一个人能不能干，除了看他的能力是否够，还要看他能不能专职干。如果一个人不能全力以赴做专职，而是脚踩两只船，他能力再强也不合适。兼职本身就是对这项工作没有信心的表现，俗话也说“一心不能二用”。既没信心又不能倾注全部心思的人又怎么能干好呢？所以，如果有能力，那就要专职，才是真的能干。

再好的项目，如果找不到合适的人也不要做，否则注定会失败。

要组建优秀的团队

一个优秀的团队会让总经理如虎添翼。通俗一点讲，团队就是有一个人做带头大哥，有一帮小兄弟愿意跟着他出生入死，有凝聚力。看一群人是不是真正的团队，很简单的方法还是看钱，看这些小兄弟们是否愿意出钱。

如果一个人愿意并且有能力当“带头大哥”，不仅自己出钱还能找到能干的、愿意出钱的弟兄们帮他，和他一起干，那么这个人和这个团队是可用的。

如果你看好一个人，这个人也愿意出钱，但是没有人愿意跟着他出钱，那么这个人不可用。这个人要么没有真本事，要么人品有问题。在企业里，群众的眼睛是雪亮的，比如这个人对手下怎么样，是不是只会拍马屁，是不是喜欢吃回扣，是不是爱贪小便宜等，群众看的比老板清楚，谁也不愿意把自己的钱投在人品不好的人那里。

组建团队，可以用内部众筹、股权认购的方式，让几个人组团竞争，谁能凑齐班子并且找到的钱多谁干，当然这个班子的成员作为CEO的合伙人也必须是单位的优秀员工，可以担起重任的。这种方式可以避免主观上的喜好，而是用客观的标准帮老板选人，同时变相地帮忙选团队。让带头的大哥和小兄弟互选，他们能真正组在一起，就是一个真正可用的团队。

利益分配中的平衡

是不是能平衡好双方的利益会直接影响内部创业计划的发展态势。在创业项目还小的时候，保持着一种起始的静态平衡是有利的，也很有必要，比如创业团队占股40%，但是分红时对半或者占60%，会让创业团队心无旁骛去发展自己。而如果创业团队把资产翻了几十倍甚至上百倍，还用这种比例分配就会引起创业团队人心的动荡，因为毕竟是这些人在辛辛苦苦赚钱，付出和回报相差太悬殊一定会引起不满。

当这种动荡对项目的经营产生影响时，损失就不可避免甚至无可挽回，所以老板更要关注项目发展过程中的动态平衡，在项目初创时就要未雨绸缪，比如和创业团队约定好，项目做到什么阶段，分红怎么调整，股份怎么调整，甚至当项目做到一定阶段时，大小股东身份相互调整等，这样就可以保持着一种动态的利益平衡关系，对项目的发展一定是利大于弊。

项目活着并且一直发展就是最大的财富，投资就会一直有收益，倘若贪心，只关注短期利益的获取，失了民心，项目失败，就真的是得不偿失。

经营风险的分担与平衡

经营有风险，内部创业也一样，所以公司和创业者之间也要做好风险的分担与平衡。

现实中，人们往往会简单地按照出资比例分红，亏损也一样，这是不合理的，而是要遵循权力与责任对等、风险与收益对等的原则。

通常，公司会把经营权完全放给创业团队，公司并不参与经营，最多是帮创业团队统一做他们不专业的部分，比如人事、财务、供应链等，所以经营风险要根据权力的大小来承担，而不是根据出资额的比例。收益也是一样，要根据权力、责任的大小分配，不能只看到利益而忽略掉这个逻辑。一旦风险承担与权力、责任不对等，创业团队就有可能坑你没商量。

最好的方法是公司和创业团队事先约定一个固定额度的收益，比如最低收益不低于放在银行的利息收入等，超出固定额度的部分再按约定的比例分配，如果亏损，创业团队没钱支付这部分固定收益，就用股权做质押或者把上一年的分红延后支付用以弥补亏损。

万变不离其宗

搭建内部创业平台，从天时、地利、人和的角度去考虑，最复杂的还是人和，从选人、选团队到经营过程中利益和风险的平衡与把控都是最难的，但是万变不离其宗，只要能真正理解这些过程中的逻辑和原则，就能根据企业自身的特点设计出最适合自己的内部创业模式，搭建好平台，创造出良性、健康的经营生态环境。

治理的关键是分权，所有权、决策权、经营权三权分立，这是公司所有规则的根基，也是一个组织能够健康发展的基础。

第二十九章

中小企业更需要治理

治理不是管理，管理是基于企业经营层面的活动，治理是基于企业所有权层面对利益相关者的责、权、利进行平衡与协调的制度安排，是企业健康发展的根本。

但是很多中小企业老板喜欢管理，不喜欢治理。

中小企业的公司治理现状

公司治理是指对利益相关者的责、权、利关系的一种制度安排，一直以来被大型企业、上市企业所关注，中小企业由于规模小，生存环境脆弱，往往会忽视。其实中小企业更需要公司治理，确保少走弯路，少犯错误。但是很多中小企业公司治理往往会出现一种比较简化或粗放的形式，所有者与经营者并不能严格地区分，要么公司的董事会、监事会缺失，要么不健全。这种情况在公司初创期是可以的，但到了一定规模，就会出现“今天的解药，往往是明天的毒药”这种现象。

完善的治理结构能确保公司有问题时“人机分离”，而治理结构不健全的公司有问题时就会“机毁人亡”。大家都知道，前些年黄光裕、黄宏生因涉案入狱，但是他们的公司却能够继续正常经营，就是因为他们的公司都是上市公司，有完善的治理结构，而吴英的公司却因为没有董事会就没有这么幸运。

这里我们不讨论他们本身涉案的对错与否，只讨论治理结构在公司发展中的根本性作用。如果吴英的公司当初也建立了完善的治理结构，有健全的董事会，那么在她涉案时，公司董事会就能根据董事会的职责和流程选出新的董事长代表公司行使公司权力，无论最终是什么样的结局，至少董事会都会参与到全程去见证公司最终的结局。

要对股权结构有清晰的认识

中小企业负责人最好在公司成立时就能对股权结构有一定的清晰认识，过度分散股权和高度均衡的股权安排都会让创始人失去对公司的控制权。

在初创期，最好由创始人一个人说了算，这样能避免内耗，通过创始人的意志建立完善的体制。我认识的一个老板，成立公司时得到其广州一个朋友的资助，朋友出资占60%，这个老板就给了朋友60%的股份。当公司小有规模以后，问题就显露出来了，公司的任何大事都要朋友同意，但朋友很少同意，这个老板没办法只好又重新成立了一家公司，几年的辛苦打了折扣。

虽然这个老板出资少，但是他还是有机会在公司拥有多数股份的，因为他投入了人力，遗憾的是他没把自己的人力资本投入算作股份，即便是算作期权，也比没有要好。

另外需要注意的是，如果有朋友投资和天使投资让我们来选择的话，我们最好选择天使投资。

如果是夫妻、父子、兄弟、同学这种关系的两人创业，通常会出现高度均衡的股权结构。这类企业刚开始时会由发起人说了算，但时间久了，十年、二十年过去了，两人都对公司做出了贡献，付出了青春，谁都输不起，谁都想说了算，就会出现谁说了都不算的现象，往往会产生内耗，导致企业半死不活，有的甚至分家、倒闭。所以，这类企业最好事先约定好，到了一定发展阶段最好有一个人退出，或者引进新的投资者进来，或者成立董事会等。

董事会在公司治理中的作用

管理学上讲，把权力分配给能人能提高决策效率和准确率；做决策时，没有反对意见不做决策。有了董事会或顾问，就能降低公司决策风险，提高决策质量。其实最初哪怕只是形式和摆设，也比没有董事会强。所以公司过了初创期以后，要尝试聘请顾问或成立董事会，企业每增长2000万元的规模，都最好在董事会里新成立一个专业委员会，如战略委员会、审计委员会等。

中国的历史其实就是一部顾问史，刘备如果没有诸葛亮，那么大事就要和张飞商量了，结果可想而知。中小企业有顾问吗？如果没有，我们是不是天天在和张飞商量事情？

聘请外部董事或顾问并不一定要花很多钱，因为愿意担任外部董事的人更多的是看重老板本人的潜质及素质。有时候读过MBA或者教练技术课程的同学之间相互担任对方公司的外部董事也不失为一个两全的方法。

治理是道

管理是经营层面的事情，看得见摸得着，容易触碰的到，也容易见效果。治理则是无形大于有形，效果也不是立竿见影。所以很多中小企业老板喜欢管理，不喜欢治理。但是治理是根，会影响到管理和经营。没有治理的管理，效果再好也不会长久，持久保持比较难，相反如果治理做的好，管理就会变得简单，而且效果也会越来越好并容易保持。或者也可以理解为管理相当于公司的胳膊和腿，执行大脑发出的指令，而治理则是公司的大脑，健全的大脑对公司的发展尤为重要。

大午集团的创始人孙大午先生也曾告诫过中小企业老板要把重点放在公司治理上而非公司管理上，因为治理是道，管理是术。

第三十章

民企老板如何完善治理结构

治理结构能完善创新到什么程度，取决于老板的胸怀和魄力以及老板想放权多少。双手紧握，最多是一捧，张开双臂，拥抱的是世界。

十八届三中全会公报中的第一个关键词是“国家治理”，对应我们民营企业就是公司治理，我们民营企业也到了该完善公司治理或创新的时候了。

我国民营企业大多是一个人或者一个家族的企业，产权结构单一、封闭，直接导致了其决策的封闭和武断。人有一个通病，一旦掌握了权力，就不肯轻易放手，而且会像人一样，总是在平日里忽视保养，有了病之后才开始寻医问药，想起来做保养。前段时间有两位老板找我，希望我能担任他们企业的独立董事，一位是因为卧病在床，担心企业不能持续，要把企业交给董事会，这样他会放心；另一位是因为总经理对未来没有安全感要离职，我建议他成立董事会并给总经理股份期权，算是平稳过渡过来。

其实我们本来可以不那么被动，如果提前做好准备，把科学的治理结构搭建起来，适当放权，就不会有问题，即便有问题也会很轻松就处理掉。

早放手，早受益

民营企业治理首先要从完善治理结构入手，从决策权开放或决策权和产权一起开放开始。一方面，早开始治理才有可能早健全，因为一个公司治理结构的完善通常是一个漫长的过程，一般需要3～5年，更长可能需要10～20年。另一方面，即便是现在不舍得开放产权即对员工实施股权激励，你现在的公司将来还是你个人或者家族拥有全部或绝大部分产权的概率也很小，一是因为遗产税，两代之后大概资产的70%左右都要用来缴税了，这还没算房产税等，所以现在有“富不过二”之说；二是目前二代能接班或愿意接班的概率也不过20%，所以未来你的企业80%的概率还是要交给外人打理，那么如果没有提前做好充分准备，将会出现内部实际控制人掌控的局面，也就是说你的企业到时候真的就不是你的企业了。

决策权开放

如果从决策权开放，就要成立真正的董事会，让经理人或引进外部董事参与决策。如果公司股东比较多，可以先成立股东会，然后再选出董事成立董事会，最好能有一名员工董事，也让员工看到希望；如果是一个人或两个人的公司，没有那么多股东，可以成立橄榄型的治理结构，让股东都担任董事，然后再由大股东提名2～3名非股东董事，如员工董事或者独立董事等。

这种决策权开放、产权封闭的模式，做到极致就是彻底开放决策权即完全退出决策层，创始人或其家族只担任监事席位。民营企业在二代不愿意或者不能接班时，为了确保企业还能健康、持续地延续下去，可以选择这种模式。这种模式比较典型的例子是河北大午集团的私企“立宪”制和香港李锦记集团的“家族委员会”，这些治理结构的创新对我们都很有借鉴意义。

产权开放福利多

如果从产权开放，就是给员工股份或实施股权激励，这样就会迫使你为了减少矛盾不得不成立董事会，从而做到决策权上的开放，最终达到规范治理的目的。

这种从产权上开放的模式好处很多，比如可以充分调动员工的积极性，让每个员工都意识到是在给自己工作，不然无论你如何激励，都不能解决员工凭什么给你干的问题。

从产权上开放，也是在考量一个老板的胸怀。老板不能光想着企业挣了钱就是自己的，不愿和别人分钱，也要看到企业做好的、做长久的是少数，活不下来、倒闭的是多数。据统计，目前80%的企业活不过十年。如果能把股份分给大家，那么当企业有难时，就会有更多的人帮你承担，从而可以保全企业甚至东山再起。

不怕慢，就怕错

有了股东会和董事会，然后再成立监事会和总经理班子，这样，一家民营企业的治理结构也就健全了。这种结构对民营企业来说虽然不是最好的结构，但却是最安全的结构。对于达到一定规模的企业来说，不是怕慢而是怕错，美的老板何享健也说“宁愿走慢两步，也不走错一步”。所以达到一定规模的企业更应该关注企业治理的完善与创新。如果你的企业年销售额到了5000万元，建议你把30%的精力放在治理上；如果到了1个亿，建议你把60%的精力放在治理上；如果达到10个亿，最好把80%的精力放在治理上。

决定治理结构完善程度的因素

民营企业如何稳健、持续生存是一个大问题，解决这个问题的关键是企业治理结构的完善与创新。而治理结构能完善创新到什么程度，取决于老板的胸怀和魄力以及老板想放权多少。双手紧握，最多是一捧，张开双臂，拥抱的是世界。

山东鼎好餐饮集团老板韩震听我讲公司治理的课程，仅仅听了半天，他就说他明白了，不明白的时候就找我，结果第二天他就把聘用我为顾问的合同拿来了。现在鼎好餐饮不仅成立了董事会而且运作良好，并且实施了股权激励计划，成为山东省率先实施股权激励的餐饮企业。所以，不怕知道得晚，就怕不发展。当然更重要的还是要借助科学的方法，结合自身的特点和需要，找到适合自己企业的模式，让企业走得更远更久。

第三十一章

公司的民主与专制

公司的民主与专制，是指公司里的两种管理模式，不是非此即彼，而是会经常同时存在，只是两种管理模式在企业不同的发展阶段，其强弱程度不同而已。

从专制到民主是企业发展的必然趋势，也是一个企业成长的基本路径。在这个渐进的过程中，老板不仅要有审时度势的眼光和敢于放权的胸怀，还要有能力做到放权但不失控。

谈到民主与专制，人们很容易联想到一个国家的政体，其实，无论是一个国家还是一个企业甚至一个家庭，都存在着民主与专制的问题，并不神秘，我们在这里只谈企业。

老板的领导风格通常决定一个企业的管理风格。管理风格可以简单地分为两种，一种是民主开放式，另一种是独裁专制式，这两种管理风格，各有优劣。

非常有意思的是，老板们都会根据自己的经验和对社会的认知为自己的管理风格找到充分的理由，比如稻盛和夫就曾经说过，真正的领导者应该是以大爱为根基的反映民意的独裁者。那么这两种不同的管理风格在公司中是什么状态呢？

两种风格的优劣

专制式管理模式有两个特点，一是决策效率比较高，但是风险也很大。因为老板一个人说了算，所以很快就可以做决定，但是现实中有很多企业都是由于老板一个人做的决策而死掉。二是执行成本高。因为老板不允许其他人发表意见，所以内部缺乏共识，导致执行成本高，甚至会引起团队的分崩离析。

民主式管理模式也有两个特点，一是决策效率低。由于团队成员要花时间充分讨论，所以沟通成本非常高，这就导致决策成本高，而且容易错失很多机会。二是执行成本低。由于经过了充分讨论，所以理解比较充分，而且由于团队成员参与感强，执行成本就会变得很低，而团队认同感变得很强，团队稳定性也会变强。

民主是一种趋势

在现实中有这样几种现象：年纪大的人比较容易接受专制，年纪轻的人则相对喜欢民主；学历不高的人比较容易接受专制，学历较高的人相对喜欢民主；出身穷苦的老板大多喜欢专制，出身好一点的老板大多喜欢民主；传统行业的老板大多喜欢专制，互联网行业的老板大多喜欢民主。

分析这些现象，你会发现在企业管理中民主是未来的一个趋势，随着80后、90后特别是00后开始主宰这个商业世界，未来的管理风格，一定是民主开放式这种模式。比如现在的互联网企业，汇聚的是一群年轻的精英，就不难理解为什么互联网企业多采用民主式的管理模式了。

大家都知道的韩都衣舍，其小组制非常著名，这是它成功的重要因素，但是在小组制背后还有其董事会的民主化。在韩都衣舍，董事会决策非常民主，超乎想象的民主，任何一项决议都是100%通过。我和赵迎光董事长做过探讨，我说你们这样做会非常痛苦，决策会非常慢，他表示认同，但是他又说“不过我们决策的成功率非常高”。

民主化在公司里的渐进趋势

公司决策分两种，一种是战略层面的决策，一种是经营层面的决策。战略层面的决策是董事会、高管会议做的决策，经营层面的决策是部门负责人对日常市场运营那些事做的决策。在公司发展的不同阶段，决策方式有不同的体现。

一些管理模式的创新，比如阿米巴、海尔的自组织、内部创业以及以前的事业部制，本质上就是把日常经营层面的权限放给了员工。越来越多的人明白让员工共同参与的重要性，所以日常经营层面上的专制式的决策在逐步削弱，逐步被民主式的决策取代。之所以民主式的决策可以取代专制式的决策，是因为民主式的决策真正为企业带来了活力。

公司在很小的时候，通常是老板一个人说了算，专制式的决策多一些。但是当公司要发展壮大，要引进外部的投资者或者吸引更多优秀的人才进来时，就会有一些变化，很多战略层面上的决策就开始变得多元化、民主化。

引进外部投资，公司的股权就会分散，外部人就会介入公司的决策，资本有了一定的话语权，专制式决策就不再可能。也就是说，随着公司的不断发展和壮大，公司的决策也必须不断地向民主式转变，甚至再到一定程度，公司的创始人可能在公司连决策权都没有，因为创始人的股份会变得越来越小，比如丰田家族、福特家族，他们在企业当中的股份就一个点，那么在这种情况下，公司就不得不采用开放的民主模式。

企业的成长路径

企业发展的一个基本成长路径就是不断民主化的过程。企业创立之初往往是老板一个人专制，发展到一定程度后，必须把经营权开放给员工，让员工自己说了算，只有这样才能充分调动员工活力。企业再发展，要引进投资人、引进社会上更精英的人才甚至合伙人时，就不得不把决策权开放给他们，只有这样才能一起把企业做得更大更好。即便是不理解，不想这么做，也不得不这么做。比如公司要挂牌新三板，就必须成立董事会，那么投资人就要进董事会。

按照彼得·德鲁克的说法，企业的权益是股东所有，管理是全员共同参与控制，利益是社会共享。换句话说，这个企业不是老板一个人能做成的，而是多数人共同做成的。所以，企业家骨子里要有一种胸怀，海纳百川，群策群力，才能使企业基业长青。

换个角度看，经营企业和养孩子很像。在孩子很小的时候，家长可以完全说了算，随着孩子不断长大，慢慢就一点一点开始说了不算了，直到完全说了不算。但是在这个过程中家长还是要做好监护人该做的事情，并且给孩子正向的引导和影响，帮助孩子做一些选择，等到孩子可以完全自主，家长就必须完全放手，充当一个顾问的角色，这是比较明智的选择。经营企业何尝不是这样一个逐步放手的过程？

从专制到民主要未雨绸缪

任何一个企业，只要还活着，有发展，就都会面临从专制走向民主的过程，只不过是快慢、深浅的问题，所以，老板一定要对企业的民主化进程这种趋势有充分的认识。

从专制走向民主，通常会先从经营权开始分离，然后从经营权到分红权甚至所有权，再然后到控制权，最后到决策权，是逐渐分离的一个过程。企业要有能力认识到自己是在这个进程中的哪一步，知道下一步该走到哪里，这样你就可以变得理性，不至于茫然。

俗话说“没有规矩不成方圆”，做企业也一样，老板要有意识地按照现在的企业制度来组建和治理企业，未雨绸缪。在企业到了一定规模之后要提前做好董事会的建设，这样就可以早熟悉、早健全、早控制，但是控制的终极目的并不是为了控制，而是为了建立规则以实现将来的不控制却不失控。比如2016年6月Facebook公司修改了公司章程，其创始人扎克伯格的女儿不继承公司的控制权，而是把控制权还给公司。

做顺势而为的选择

综上所述不难发现，民主与专制的管理模式，存在于公司治理的各个不同阶段，各有利弊。老板只有充分认识这两种管理模式，看清发展的趋势，在不同的阶段做好不同的选择，顺势而为，才能让企业如虎添翼，锦上添花。如果不管条件是不是成熟而一味追求民主，就可能让公司失控，如果条件成熟却死守专制不愿意放权，就可能让公司错失发展的机会。

第三十二章

老板为什么建不好规则

老板都知道规则很重要，也没有老板认为自己的企业没有规则，虽然说起来头头是道，但是真正做得好、有成效的却很少。为什么会是这样？

好的规则有什么用

人兼具理性和感性，对事物的判断和决策容易受周围环境的影响和名利的诱惑，所以人本身并不可靠，可靠的是规则，当然前提是这个规则必须是好的规则。好的规则一定是符合人性和人类普遍认同的价值的。

美国曾经是英国殖民地，当年是一群在本土被迫害的清教徒和失地农民以及生活艰苦的工人到了那里，后来生活在那里的移民为了争取真正的独立签署发布了《独立宣言》，《独立宣言》对当时的美国产生了重大影响，也深刻影响了美国的未来发展，《美国宪法》的诞生即源于《独立宣言》的精神和理念，成为许多国家制定本国宪法的范本。《独立宣言》之所以会有这么深远的影响，就是因为其遵循的原则符合了人类普遍认同的价值。

澳大利亚最早是英国用来流放囚犯的地方，但是他们却依靠好的规则建立起一个联邦国家，发展到现在，成为一个风景秀美而且宜居的国家。当年英国政府往澳大利亚运送囚犯时有一个非常经典的故事：如果按上船人数提前付费，囚犯在漫长的行程中死亡很多，而如果按照下船人数和囚犯身体健康状况延后付费，囚犯死亡率就很低甚至为零。所以说好规则能让坏人变好，坏规则能让好人变坏，规则会引导着人性走向善、恶两个方向。

建规则与是什么文化没关系

很多老板解释说规则的效果不好是因为中国几千年的文化影响或者员工的素质差所致。实际上，文化是很重要，但是和规则比起来，规则更重要。比如东德和西德，也是同祖同源的文化，却因为规则的不同导致社会发展有很大的区别，最终东德和西德重新统一为一个德国。所以，即便是在同样文化的基础上，不同的规则也会带来不同的发展，而文化并不是主导因素。在有规则遵循并且敬畏规则的地方，即便曾经是贫穷的，即便是一群乌合之众，也会慢慢让这个地方变得文明、发达。

规则和文化是相互渗透的，但又各自独立，同时规则又可以塑造文化，文化也可以丰富规则。所以，企业老板不要找借口，而是要考虑该如何建立好的、可执行性强的规则。

为什么建不好规则

规则实施效果不好，通常有两个主要原因。一个原因是规则的可执行性太差，另一个原因是管理者特别是老板带头违反规则，时间长了员工心理不平衡就没有人愿意遵守规则了。规则形同虚设，管理成本就会越来越高，导致企业一片混乱，员工浑水摸鱼、应付差事，唯有老板身心俱疲。导致这样的结果的最根本原因是老板还没有真正明白规则的实质。

规则应该由谁来制定，怎么去制定，这是很多老板都没有搞明白的事情，他们通常采用的方法是让几个部门写一些叫作制度、流程之类的东西，老板签字就算是规则了。这是远远不够的，这样制定出来的规则往往会因为制度与制度之间、部门与部门之间的衔接性与协调性不够以及制度本身的缺陷或错误，导致制度的可行性与可操作性差，执行困难。

规则应该由执行者来参与制定。对企业而言，制定规则的规则首先是要由员工来参与制定，将来员工来执行时会更容易接受。其次，制定规则的规则是有一定规则或者原则的。比如在一些国家的议会会议中，投票是有规则的，通常遵循多数人的原则，就是过半或者过三分之二的人数投票才能通过，修改宪法是要过三分之二的。企业制定规则也要遵循多数人的原则，而不是少数人拍拍脑袋就决定了。

所以，制定规则有规则，制定规则的规则也是有规则的，这样才会产生好的规则。就像美国的法律源自《美国宪法》,《美国宪法》源自《独立宣言》,《独立宣言》源自人类普遍认同的价值一样。

规则背后是权力分配

人的天性喜欢大权独揽。比如在公司治理层面，原本应该是有多少股份就有多少权力，但是有很多老板却会以大股东名义欺负小股东，使小股东没有参与权、建议权，甚至连知情权都没有，全是老板一个人说了算。在经营层面上，即便是让员工参与制定了规则，只要还是老板一支笔签字，权力就还是他一个人独揽。有的老板意识到这样并不好，会尝试分配一些权力，但是往往会因为对分权可能给自己带来的心理冲击估计不足，表现得反复无常，直接丢失了信用，造成无可挽回的损失。

我认识的一个老板就是这样，成立了董事会，让他想不到的是第一次董事会他的提案就被否决了，结果他很恼火，就把董事会给解散了。权力一旦分给员工就不能再要回来，只能去逐步完善。

权力和责任是相匹配的，有多大的权力就有多大的责任。你想让大家干活就要给大家一些权力，不给他们权力，他们就不需要承担责任，你就不能理直气壮地要求他们负责任，只能基于道德层面去衡量。而权力分配意味着责任分配，担负着责任的人会比不承担责任的人更积极、更上进、更负责，所以运用规则分配权力，其实质是分配了责任。

治理结构与规则

规则的底层是治理结构的建设，是一个组织所有规则的根基。治理结构的关键是分权，所有权、决策权、经营权三权分立。如果把治理结构的规则理解透了，那么在经营层面上，也会相应形成一个分权体系。

在三权分立的治理结构体系下，经营层面上是董事会领导下的总经理负责制，总经理在施政、布置工作时也是一个相对的分权过程，做到责权利统一，才能保证经营工作的有序、有效。

治理层面的三权分立和经营层面的责权利统一，相互匹配，才能上下协同，上下同欲。如果还不具备条件建设公司的治理结构，也要明白治理结构的核心并贯穿到规则的建设中。

打扑克的启示

打扑克首先商量的是规则，打扑克参与者的权利都是一样的，不是哪一个人说了算，任何人不同意，扑克就没法打。在游戏的过程中，任何人发现制度有问题都可以提建议，随时修改，不同意的照样可以行使否决权。也就是说他们都参与了制度的制定和修改，所以会认真执行，而且打得非常顺畅。没有人给他们发工资、发奖金，他们却会为之着迷、疯狂。反观工作，有人发工资、发奖金、发福利，提供舒适的办公场地，结果真正好好干活的却不多。为什么？

打扑克给我们的启示是规则的制定成本和执行成本成反比，制定成本越高，执行成本越低，效率越高。

规则和文化高度交融是最高境界

制定规则是为了企业能够因为有序而减少内耗，提升竞争力。制定规则有规则，制定规则的规则也有规则，这是老板必须知道的事情。

规则也是一种文化，反过来又塑造文化。那么，把规则建好，企业文化随之也会完善，当规则和文化高度交融，企业真正的竞争力也一定会起来。

第三十三章

董事会里席位分配的奥秘

董事会是公司的决策机构，是公司治理中非常重要的一部分，公司的重大决策通常都是由董事会来决定的。如此重要的机构，一定要了解清楚其游戏规则，否则一不小心就会陷入被动。

董事会也有游戏规则

我的一个学生是某公司老板的太太，她向我咨询这样一件事，她说她丈夫占公司67%的股份，另外两个小股东，一个占11%，一个占22%，两个小股东提议成立三人董事会，三个股东做董事，并且各占一个席位，有一个小股东甚至提出要让自己的太太担任监事，她的丈夫同意了。我的学生认为这样做不对，可是她的丈夫却认为没有问题，两个人为此吵得不可开交，她就打电话问我这样是不是可以。显然，她的丈夫犯了一个很大的错误，在股东会，他有67%的投票权，但是在董事会，他却只有三分之一（33%）的投票权，这就意味着他的控制权从67%降到了33%，这无疑给公司未来的发展带来非常大的隐患。这也给我们带来一个话题：中小企业应该如何建设自己的董事会？

董事会是公司的决策机构，是公司治理中非常重要的一部分，公司的重大决策通常都是由董事会来决定的，也可以说董事会是公司的大脑。公司能不能运转良好，特别是规模企业，在很大程度上取决于他们有没有一个优秀的董事会。GE公司（美国通用电气公司）之所以伟大，是因为它有一个优秀的董事会。GE董事会曾经非常自信地表示，他们在一天之内就可以找到适合GE的优秀CEO。

所以，中小企业发展到一定阶段，比如规模达到2000万元左右的时候就必须考虑董事会的建设了；如果公司里有很多股东，为了处理各股东的关系，也不得不成立董事会；或者公司虽然不大，股东也不多，但是希望借助外脑健康发展，也要成立董事会。要成立董事会，首先要对其游戏规则有一定的认识，才不至于陷入被动。

席位分配要与股份比例相匹配

中小企业在刚开始成立董事会时不需要很多人，人太多会使董事会行动迟缓，而且容易出现分歧，形成小帮派，影响决策达成。人太少，又难以形成合理的知识、能力和经验结构。所以对中小企业来说，董事会席位的设计通常应该保持三席或五席，最多是七席，把握的一个原则就是五加二或减二。

股东在董事会的席位最好和他的股份比例相对应，就是在股东会的投票权和在董事会的投票权比例基本相当为好，偏差不要太大，不然，就会有股东丧失一部分权力，而另外的股东得到额外权力，造成责权利不相匹配。前面的案例中，我学生的丈夫有两倍于两个小股东的股份，却只拥有一个董事席位，相差太悬殊，轻易就把自己对公司的控制权丧失了，未来在决策公司事务时他就会非常被动，经营风险也比较大。一般情况是，出资多的人相对来说承担的风险和责任也比较大，所以，权力跟风险和责任能对应起来才是比较合理的。

怎么做才能保证这种对应？还是以这家公司为例来说明：他们可以设立三席董事会，她丈夫占两席，另外两个股东占一席，她丈夫除了自己以外，还可以提名自己身边的人占一席，这样她丈夫在董事会就有三分之二的控制权，另外两个小股东有三分之一，这和他们在股东会的控制权比例是基本吻合的，这种设计不会出大毛病。

董事的席位分配要跟他的股份比例相匹配，这是董事会建设的一个基本原则。

董事会不要和经营层重叠

当前，在中国的公司治理结构中，特别是在中小企业中，经常会出现董事会和经营层的高度重叠。

如果一家公司，其所有股东都是内部股东，都在公司做事，他们要成立董事会，董事会成员就很可能都是董事长或者总经理在经营层面的副手、下属，那么董事会成员就和公司高管会人员是同一拨人。在这种情况下，董事会成员之间有上下级关系或者利益关系，那么在做决策表决时就会受影响，一是很难有人能够逾越上下级关系提反对意见；二是已经习惯了执行，角色的转变比较难，所以很难做到完全的独立、客观、公正，会直接影响表决结果的可信度，公司决策的正确性就会打折扣，董事会在一定程度上也就失去了意义。

当董事会隐含着这样的不健康因素，久之便会形同虚设，甚至可能会带来利益纷争。所以，董事会最好不要和经营层重叠。

引进外部董事

如果公司出现董事会和经营层重叠的问题，或者股东太少，比如就夫妻两个人，可以考虑引进外部董事。

外部董事包括独立董事和灰色董事。独立董事是可以在董事会中保持完全独立人格的人，除了担任董事之外与公司没有任何关联。灰色董事是与公司有关联关系的外部董事，比如不参与公司经营的外部股东，因为不在经营层面，所以与公司任何人都不存在上下级关系，但是和公司会有利益的关联，可以保持相对的独立。

外部董事一般都是对管理有一定经验和认识的人，或者是这个行业的专家，或者在某一领域学有所长，比如法律、会计、金融等。他们的意见能够弥补内部董事知识结构的不足和思维的局限，使决策更富理性。他们可以从一个完全客观的角度来审视公司的管理决策、评价公司绩效，避免内部董事"当局者迷"，或者过分"自恋"。

外部董事特别是独立董事监护的是整体股东的利益，尤其是在有潜在利益冲突的时候，独立董事可以从独立的角度帮助公司进行决策。当投资者意识到其利益有人维护的时候会感到安全，公司也会踏实安全地前行。由此可见，引进外部董事可以确保董事会有效运作、健康发展。

如果公司有外部股东，外部股东可以作为投资人进入董事会成为外部董事。有外部股东做董事与再请一个外人做独立董事并不矛盾，而是对董事会的建设更有意义。

做就比不做强

对于中国的中小企业来说，董事会的建设和完善是一个漫长的过程。因为我们以前没有这样的文化，也没有这样的基因。我们骨子里都有一种希望靠权力说话的欲望，缺乏靠规则说话的文化，而董事会恰恰是把靠权力主导逐步转变为靠规则主导的一种管理模式，是我们中小企业从人治转为法治的关键一步，是从个人决策到集体决策的关键一步，也是公司从草莽阶段到规范治理的关键一步。对企业成长来说，这必然是一个很漫长的过程，但是做就比不做强，哪怕是一个形式，先把董事会成立起来，然后慢慢地积累经验，一步一步去完善、去改进，最终总会建成一个成熟、优秀的董事会。

第三十四章

老板和董事相处的艺术

企业在建立董事会后，面临的最大挑战就是如何完善董事会建设，使之规范、有质量、有效率。健全制度的背后是老板（大股东）和董事之间的相处技巧。如果说制度是科学的，那么相处技巧就是一种艺术。

董事会建设是公司治理中很关键的一环，但中国人缺乏平等地按规则出牌的意识，目前大多还是围绕着权力、一个人说了算，所以董事会建设从本质上来说还是比较难的。现阶段，很多公司尤其是初创企业的董事会基本上还只是一个形式，不能完全发挥其应有的作用，很重要的一个原因就是董事会建设还不完善。在这种状况下，老板和董事如何做到有效、理性相处就显得尤为重要。

请能人来定规则

公司治理是一个漫长的过程，必须一步一步把基础打扎实。但是现实中全才的人不多，每个人的知识架构都有局限性，如果能有明白人指导就会容易很多。所以老板要尽可能去找那些在公司治理方面有比较清醒认识和实践经验的人做独立董事，比如古井贡酒就曾经在2008～2011年间聘请了中欧商学院的丁远教授做独立董事，通过战略转型成就了一段业绩佳话。

凡事先定规则才会有序。对于初建董事会或者董事会建设还不完善的企业来说，首先要做的就是请能人进来帮忙把董事会的规则做好，少走或者不走弯路，使公司早日走上良性发展的轨道。

老板要和董事一起制定规则，不可完全放手，因为董事特别是外部董事对公司的了解会有盲区，但是老板不可因此搞一言堂，太强势，搞成个人主义。磋商是很重要的，经过磋商而来的规则，印象深刻，可执行性强。

老板要守规则

民主决策虽然不是最好的决策方式，却是最安全的，目前还没有找到比民主决策更好的决策方式。彼得·德鲁克说“没有反对意见就不做决策”。作为老板要明白，大家反对你不是为了反对你而反对你，而是为了帮你完善决策。

建立董事会的终极目的是提高决策效率和决策质量，避免一个人决策给公司带来灾难性的风险，所以老板要有意识地主动和董事一起，建立并遵守规则，把一个人说了算改成大家按规则出牌，民主治理，达成董事会本来的目的，慢慢形成自己的董事会文化，为公司的长久发展打下坚实的基础。

老板和董事都要遵守规则，但是老板要主动一点，当自己的意见、建议被否决的时候，老板一定要执行表决的结果，或者有意识地让大家否决你的意见，给董事传递一种良性信息，让大家找到做董事的感觉，体会到董事的价值所在，否则，如果还是坚持一个人说了算，规则也就破坏了，建立董事会就没有意义了。所以老板要带头遵守规则，让董事会有一定的话语权。

让董事像主人一样

让董事像主人一样参与公司治理是老板的责任和义务，也是董事应该做到的。老板不要让董事成为摆设，而董事也不要把自己当客人。

给别人安全自己才安全。老板在董事会里一定不要有绝对的控制权，否则董事就成了摆设，而是要适当地让出否决权，让外部董事和小股东可以联合起来否决你，这是最基本的原则，也是让董事有主人感的最好方式。

中国的企业，大多是一股独大，老板很容易产生一种主人心态，而小股东和外部董事则会有一种客人心态，认为这是老板的事，和自己没有太大关系，主人、客人的心态太明显对公司的健康发展是非常不利的。老板要主动打破这种局面，董事也不要把自己当客人，大家都要按规则出牌，按照规则履行各自的职责，让主人忘了自己是主人，客人忘了自己是客人。

受传统文化影响，中国人不喜欢冲突。“一团和气”是大多数中国人喜欢的状态，但是在董事会里没有不同的声音却未必是一件好事。当董事会里都是一个声音的时候，老板就要理性地分析一下这个声音的可信度到底有多高。一项正确的决策，必须从正反不同的意见中才能获得。老板不要害怕董事会里有不同的声音，可能恰恰就是这些声音会让你发现也许是隐藏很深的问题和风险。

董事要引导老板按套路出牌

作为董事，特别是独立董事，对董事会的治理是有基本认识的。独立董事要和老板一起制定好董事会的规则，通过规则让习惯一人独大的老板慢慢学会按套路出牌。当执行规则形成习惯，才可以摆脱一个人决策、一个人说了算的旧习。

有时可以利用一些规则让老板意识到董事会的严肃性，比如采取无记名投票的方式对老板坚持的某个有争议但对错或优劣明显的事项进行表决，虽然结果是被否决，但是不会让老板和董事陷于太尴尬的局面，也算是给老板一个教训，不可以像以往一个人决策那么随意。

给老板试错的机会

在中国，不管是上市公司还是非上市公司，现在通常还都是大股东治理阶段，基本上还是大股东一个人说了算，从严格意义上来说，董事会不会起太大作用。作为董事，需要理性去看待这个现状。毕竟公司是人家的，他要承担最大的责任，所以有些事还是可以让他一个人说了算的。

董事存在的价值不是看到错误就去争论、纠正，而是看着老板不要犯致命的错误。只要不是关系公司生死存亡的，或者即便是错了也不会带来太大损失的，有时候明知道是错的，也要给他一个试错的环境，一个成长的机会。犯错会让老板真正成熟起来。董事要对老板的成长有理性的包容，让他有试错的机会。

董事要勤勉

做一个董事，特别是外部董事，要做到勤勉。虽然外部董事是老板请来的客人，也不能太把自己当客人，否则就会始终游离在公司之外。

董事要有一个积极的心态参与公司治理，给老板提供建议、意见，尽快融入其中，而不是坐等，被动参与。即便你的意见、建议老板一点没听取，也要积极参与其中，也许是因为自己对公司了解还不够透彻，也许是老板还不能理解，这需要一个磨合期，长时间的坚持才能有效果。

从现实到理想

虽然目前中国企业的股权结构现状决定了公司治理结构的模式不是围绕着董事会，而是董事会围绕着大股东，但是，早晚会走向围绕着董事会运转的模式，这是方向。虽然现在离这个目标还有一段距离，但是，有了方向就不怕路远，我们现在在哪里不重要，未来在哪里才重要，只要我们一起朝着这个方向去努力，往这个方向去做，每一点付出都意义重大。

第三十五章

散伙也是个技术活儿

有合作就一定会有散伙，虽然散伙总会有伤害，但是只要散伙规则定好了，对任何人都不会是伤筋动骨一样的伤害，问题是要如何制定散伙规则？

西少爷创始人之一宋鑫的《致孟兵的一封信——西少爷CEO请给大家一个交代》将风头正劲的西少爷肉夹馍闹拆伙事件展现在了公众面前。

不管什么原因散伙，闹得沸沸扬扬的，都是因为分家没分好，或者不会分家，比如蓝翔技校、雷士照明、日照钢铁、真功夫等。如果他们当初制定好了散伙规则或者有矛盾时知道怎么散伙，第一公众不会知道，第二不至于感情被破坏，闹得两败俱伤。所以，好散比好合更重要，换句话说，好散才是好合的开始。

丑话要说在前头

俗话说丑话要说在前头，用现代的话来说，就是凡是有合作，就一定要先说好分（包括分家）和散伙的规则。

合伙的时候，其实心底里更在乎的是怎么分，但是人们往往习惯于先约定怎么合作，忽视怎么分、怎么散伙，这其实是一种碍于面子的传统思维或者说是一种自欺欺人的侥幸心理。任何时候、任何一种合作，怎么分都要比怎么合更重要。

能够合作长久是每个人的愿望，但是现实中会有太多的制约因素，俗话也说“铁打的营盘流水的兵”“天下没有不散的宴席”。所以仅仅是走在一起共同做事，并不意味着就是好合的开始，当大家认可了分和散伙的规则，知道自己的付出能收获什么，知道万一将来散伙，自己能得到什么，损失什么，才是好合的开始，这个时候大家才会塌下心来去做自己该做的事情。

上市公司散伙就比较简单，通常就是卖股票，不会产生矛盾，因为上市公司有非常严谨的股东退出机制，只要遵守规则一般不会出现纠纷。

合伙人怎么散伙

如果几个人合伙做事，有人中途要退出，钱怎么分？

合伙人散伙大致可以分三个阶段：一是公司成立一年内；二是公司成立一年后，没有盈利；三是公司成立一年后，有盈利。

分钱规则在上述不同阶段要做不同的约定：一是在公司成立一年内退出，无论公司是否有盈利，可以按原始投入退回资金。二是公司成立一年后，还没有盈利的时候退出，以账面净资产作为公司价值计算退出资金，这里的账面净资产最好是账面有形净资产，不包括无形资产。三是公司成立一年后，有盈利的时候退出，而公司又不是上市公司的，以账面净资产的倍数作为公司价值计算退出资金，这里的倍数可以根据公司盈利能力指标来确定，或者找更专业的人去做，也可以每隔几年根据公司的发展调整一次。这样提前做好散伙分钱的约定，有共同的规则遵守，谁愿意走都可以，公司不会因此陷入纷争的混乱。

有合伙人退出的时候，一定要注意，谁走都没问题，但是千万不要因为一个人的离开把公司的现金流给掏干。如果公司现金流比较宽裕，可以一次性付清撤股资金，如果不是，一定要分期支付，比如1～3年，这点一定要提前做好约定。

雷士照明吴长江之所以会有今天的结局，很重要的一个原因就是最早的两个合伙人撤出的时候一把把现金拿走，致使公司现金流短缺，从此埋下祸根，导致吴长江以后步步被动。倘若当时每人8000万的资金不是一把拿走，而是分3年或者4年拿走，即便要支付一定的利息，吴长江也不至于“病急乱投医”，股份稀释得那么厉害。

虽然市场无情、资本无义，但是凡事还是可以遵循着正确的规则商量着做得更人性化一些，而不是意气用事把事做绝，把公司逼到绝路。

股权激励对象怎么散伙

股权激励的对象，是公司实施了股权激励之后获得公司股权的员工。他们只是小股东，不是合伙人，他们的退出就是正常离职，他们所持股份的处理方式和合伙人是不一样的。

合伙人之间，账面是透明的，而像股权激励的对象这样的小股东，因为和老板还有着一层上下级关系，所以老板有时候并不愿意让他知道太多账面的东西，可能会让他知道报表数据，但是有时候员工可能也不相信老板，你给他按照账面数据分，他未必相信你，那么明智的做法就是约定一个透明的价格让他退出，比如在出资3年以内，按照3年的银行利息计算退出资金，出资在3年以上怎么退出呢？销售收入是公司所有财务指标里最透明、最直观的，而公司的价值跟销售收入是正相关的，所以我们可以用销售收入作基数乘一个系数（这个系数最好每年调整一次并提前公布），用这个数据当作公司价值计算他退出的资金，这样的结果员工非常明白。

小股东退出也要注意，尽量分期支付撤股资金，防止万一经济下滑时比较多的股东想撤出而导致公司现金流不正常，影响企业正常经营。

没有事先约定也可以亡羊补牢

如果没有事先约定散伙规则，包括夫妻股东，却面临散伙，怎么办？亡羊补牢为时未晚，只要明白散伙的基本规则也是可以圆满解决的。公平、透明是解决一切争端的基础，但是仅有这个基础还不够，还要大家能够心平气和地相互给对方留一条活路。

雷士照明当年三兄弟闹掰，把企业作价，三兄弟平分各拿8000万元的时候，谁都想一把把现金拿走，为了尽快赶走对方，三个人都同意了这样的散伙方式，没有谁去考虑，没有了现金流，企业还有没有活路。由此来看，吴长江今天的结局也非偶然。

管理界有一个7人分粥的故事是可以拿来借鉴的，这个故事说的就是怎样才能做到公平。在散伙分家这个问题上，希望集团的刘氏四兄弟却能够平稳地将亲情维系的模糊产权过渡到现代企业管理的明晰产权，而且每一次的“分家”都能让企业实现“裂变式”的发展，不能不说是一个典范。刘氏四兄弟的“分家”模式蕴含着他们的胸怀和智慧，值得每一个人去思考。

提前约定散伙规则不是坏事

散伙，虽然让人不愉快，但是也不一定就是坏事，如果合作各方见解冲突或者起了利益争执，与其痛苦维持不如分开各自发展为好。虽然散伙总会有伤害，但是只要散伙规则定好了，对任何人都不会是伤筋动骨一样的伤害，经过短暂的恢复期，大家都还会有不错的发展，至少不会“沦落街头”，不会你死我活那么悲惨。

人在未来不明确的时候，都会往最坏处想，但是如果未来很明确，都会往最好处去想、去修复。不管是经营婚姻还是经营事业，都是一样的道理，先说好散伙规则，会让合作者内心更坦然，也会使合作更长久，更稳定。

第三十六章

对外合作远非章程约定那么简单

在中国的商业环境还不够成熟的情况下，中小企业之间的合作仅仅依靠合作章程是远远不够的，还要考虑合作的风险和磨合的成本等诸多因素，从商业的本质出发，设计合理的对外合作模式，不要为合作而合作。

中小企业之间合作的环境

当前，创业和上市都不再遥不可及，很多企业为了能够快速发展，比较喜欢企业之间合作的模式，因为合作可以借力使力、取长补短、发挥优势、扩大规模。但是自古“生意好做，伙计难搭”，合作总是成功的少，失败的多，很多人也想不明白为什么会失败。

合作有很多种，包括个人与个人（合伙人）之间、企业与个人之间、企业和政府之间合作的PPP项目（如BOO、BT、BOT等）、大公司或成熟公司之间的兼并、收购和重组、中小企业之间等。本章内容主要是针对中小企业之间的合作。

目前，中国还不具备很成熟的商业环境，民营企业野蛮生长的现实状况不容忽视，这些都是我们合作时必须要考虑的因素。特别是中小民营企业，没有规则意识，对公司章程少有概念，自我意识很重，相互之间缺乏信任环境，使得中小企业之间的合作充满太多的变数。如此，中小企业之间想要更好、更长久地合作仅仅依靠制定完善的章程是远远不够的，因为企业间的合作是必须建立在法制健全的基础上和合作双方都能自觉遵守规则的基础上的，而我们目前并不具备这样的商业环境，所以中小企业间不要为合作而合作，还要考虑合作的风险和磨合的成本等诸多因素，从商业的本质出发，让双方共赢，让合作持久。

从商业的本质去考虑，多业务合作，少股权合作

现在，市场已经相对饱和，所以任何一个企业都应把握一个原则，那就是用最少的钱做最大的事，专注一个细分领域，做成行业领袖。特别是中小企业，由于各个方面资源的限制更要专注一个领域，去做强而不是做大，能用市场解决的就不要自己去投资、自己去经营，比如原材料，甚至生产和分销渠道等都可以交给市场，自己只专注于在价值链中适合自身特点的最有价值、最有优势的环节，其他环节交给市场去解决。

经济学家科斯说，企业要根据交易成本最小化的原则，把部分交易交给市场，把部分交易留给企业内部。也就是说，哪个方式成本低就应该选择哪个方式。比如香港利丰集团，作为采购业的“沃尔玛”，几乎没有自己参股或控股的工厂，都是与代工厂合作，但是其采购额度都占到代工厂的30%–70%的产能，不仅让自己有一定的谈判能力，也让代工厂保持一定的市场竞争力，用最低的成本实现了合作双方的共赢。

其实这种方式和人性是有矛盾的，因为人性的一面是贪欲，是对名利的追求，而商业的本质则是专注、专业、专一。当人性中的贪欲和商业的本质产生冲突时，人往往抵抗不住自己的欲望，就会放弃商业的本质，放纵人的欲望，特别是穷人家出身的老板们，喜欢用规模来证明自己，比如人前人后吹嘘自己有多少个公司或控股多少个公司等。而背离商业本质的行为是成就不了企业的，只会让企业更快倒闭，这些年跑路的老板，都是想把企业做大的，没有想把企业做小的。

从文化的角度考虑，共同经营需要磨合成本

当自己的能力不足时，合作是最好的模式，但是合作一定需要经历磨合的过程，付出相应的成本，就像夫妻间相处融洽也是需要经过磨合之后才可获得一样。但是企业之间的磨合会比夫妻之间的磨合难得多，因为夫妻之间有太多共同的目标和关注的事情，最重要的是夫妻之间都有百年好合的美好愿望，企业之间却往往只有利益这一条纽带，而这条纽带在今天的企业之间非常脆弱，所以企业间的合作更有难度，更加考验人性，也就不难理解“生意好做，伙计难搭”了。

如果确定自己的公司独立开展业务能力不足，又不能从市场上通过交易解决或者购买价格比较贵，是可以考虑开设新公司的。如果自己独立开公司，100%控股自然没有问题，而如果需要和别人合作，就必须要考虑两个公司之间的合作成本，因为两家不一样的公司，特别是不大按套路出牌的中小企业，做事风格、规则意识、文化背景是完全不一样的，需要付出相当多的时间和精力去磨合，在这样的情况下，双方都会做得身心疲惫，结果通常是闹掰，最后连朋友也做不了。

在济南有一家我熟悉的企业，有自己的技术，想要开拓东北市场，就在吉林和一个企业合作成立了一家新公司，共同经营，希望借助那家企业在当地的市场开展业务，结果是很快就闹掰了。

共同经营，愿望很好，却总是会因为两家公司在管理理念、管理风格上的差异不能相互融入，最终难以继续合作，所以企业间的合作最好由一方控股，完全拥有经营权，在经营层面让一方完全说了算，另一方可以在重大决策上保留否决权，这种合作方式成功的胜算就要大得多。

我有一个学生，他的公司也是出技术和另一家公司合作，但是他采取的方式是每年只收取一定的技术服务费，经营完全交由对方去做，目前双方合作就非常愉快，现在已挂牌新三板。类似这样的模式其实很多，比如连锁、加盟模式等都是不错的选择。

从风险的角度考虑，控股也不一定就是说了算

大多数人通常会很自然地认为只要控股就能说了算，其实没有这么简单，还有一个重要的因素那就是地域因素。如果是在异地合作开公司，即便是你控股，另一方说了不算，作为控股方也要考虑到对方不遵守规则怎么办。如果对方不遵守规则，起诉似乎是很好的选择，却往往会因为人生地不熟和异地往返跋涉而得不偿失，倒霉的还是自己。

我有一个学生在外省和一家企业合作成立新公司，双方共同出资，我的学生占51%的股份，结果业务还没开展，出资款就被合作方以莫名其妙的理由挪用了，新公司不了了之。类似的案例很多，比如以前的中外合资企业，双方一旦有了矛盾，肯定是中方赢的居多，最后把外资公司赶跑。

所以，企业之间的合作，能用业务合作就不要用股权合作；即便是用了股权合作，也要考虑在不成熟的商业环境下的磨合成本，经营权最好由其中的一家公司掌握；即便是控股，也要在能接受出现最坏结果的情况下进行合作。

合作的关键是平衡责权利和风险

合作最关键的是合作双方对权利、责任、利益、风险的平衡，既要考虑在理性的情况下，也要考虑在非理性的情况下，如何确保双方共赢，如何通过合作更大限度地发挥双方优势，提升各自的竞争力，而不是为了自己的利益争得你死我活。在合作程度上也不要头脑发热一竿子到底，即使有必要深度合作，也要逐步地由浅入深，从经营层面到参股再到控股，一步一步地来，以避免两败俱伤。

第三十七章

老板如何突破自己的天花板

老板有多高，企业就有多高，企业所有的问题都是老板的问题。老板不突破自己的天花板，企业就不能有发展的突破，所以如何突破自己的天花板是摆在老板们面前的很严峻的问题。

众所周知，中国的中小企业多数短命，80%活不过10年，还有多数企业长不大，规模不过2000万，几乎所有的老板都是“草根”出身，而且没有国有企业那样优厚的资金和条件，大多在夹缝中生存，很多都不能善终。

中小企业的生存现状，有外部环境的因素，更有内部自身的原因。外部因素不是我们所能左右的，而在一样的外部环境下，中小企业的经营状况却参差不齐，所以外部因素不是最重要的，我们还是要从内部找原因。英国著名历史学家阿诺德·约瑟夫·汤因比说：“一个国家乃至一个民族，其衰亡都是由内部开始的，外部力量不过是其衰亡的最后一击。”

对企业来说，所有的问题都是老板的问题，老板的高度就是企业成长的天花板的高度，只有突破老板的天花板，才能突破企业的成长瓶颈。那么如何突破这层天花板？根据我多年和老板们的接触，总结出以下几种方法可以参考。

从挣钱到做事

由于中小企业的老板多数是“草根”出身，所以对挣钱有一种本能的渴求，这种渴求在创业初期是可以理解的，这是他们创业的原动力，当年我也是为了挣钱而创业的。但是当企业度过了生存期进入发展期以后，就不能再以挣钱为目的了，而是应该把创业的目的由“为挣钱而挣钱”转变为“为做事而做事”。把事做好了，钱自然也不会少。

当然，因为目的不同，动机就会不同，最终的手段也会不同。如果只是为了挣钱，就可能会为了钱而降低成本，甚至生产假冒伪劣产品去坑害或欺骗客户，做的是一锤子买卖，挣钱也是暂时的，结局一定不会好，这就是我们常说的，方向不对，努力也是白费。如果以做事为目的，就会把焦点放在做事上，比如，如何提高品质，如何优化管理，如何让员工和客户满意，如何能持久为客户提供优质产品等，这样去做事一定会有长久的收获。

为做事而做事，是为成就一个梦想，也就有了一种大义的名分，所以会有很大的感召力，吸引更多的能人进来。当年乔布斯就是用“改变世界”的梦想把“卖糖水的”原百事可乐总裁约翰·斯卡利吸引到了苹果公司。

我经常说，有了方向就不怕路远，凡事去做就好了。我创办泰山管理学院，虽然一路艰难，但是因为一直坚持脚踏实地去做事，所以学院没有像学生担心的那样死掉，而是经营得越来越好，这更让我坚信做事才能长久这个道理。

从人治到法治

人治很随意，可以信手拈来，法治则是规范的，有约束性的。很多老板没有接受过系统的管理教育，在创业初期对管理的理解大多是凭想象的，而想象的来源要么是江湖文化要么是帝王文化，所以就慢慢把自己打造成了草莽英雄，而他自己却意识不到。当老板在企业里可以一手遮天、朝令夕改、为所欲为时，就会使能人不得志，慢慢都走掉了，剩下的多是一帮溜须拍马、不干实事的小人，长此以往就会使老板越来越故步自封，而且也会使企业成本增高、利润下滑，进入恶性循环，最终难以为继。

所以，中小企业要想活下去，首要的一条是建立规则，建立让人有安全感的规则文化。当规则深入人心，人人公平，多劳多得，能人就会脱颖而出，小人、笨人就会被逐渐淘汰，企业也会逐渐地进入良性循环。道理很简单，老板们也都知道，甚至说起来还都头头是道，但是理解的却比较肤浅，认为规则、制度是用来约束别人的，不是约束自己的，往往自己率先破坏制度，导致制度形同虚设。

制度建设最主要是老板的事，需要老板亲自带领核心团队一起研讨，因为制度的背后是文化，而文化的核心一定是老板修养与素养的体现，没有人可以代替。但是很多老板偷懒，把这个活儿交给员工去做。制度建设是一个非常辛苦的、持续改进的过程，很多老板却因为坚持不下来，导致企业里没有真正有效的制度。泰山管理学院自创办起，17年来一直坚持每周一晚上制定或修订制度，的确很辛苦，却保证了制度的可执行性。

很多老板抱怨缺人，其实不是缺人，而是缺让人成长的土壤，一旦有了让人成长的机制，就一定会有能人、合伙人涌现出来，而有了合伙人，形成优秀的创业团队，就会在一定程度上弥补老板的短板，让创业不再艰难，而且合伙人参与公司决策就是一种相互制衡，所以会让公司发展趋于理性。

从感性到理性

把欲望当成了理想，就很容易被名利迷惑，特别是穷人家出身的老板，总想用做大、做强来证明自己，而不用理性去思考，所以别人上市，他也上市，别人做大，他也做大，别人上新项目，他也上新项目，别人借高利贷，他也借高利贷，结局是别人“死”了，他也跟着“死”了，甚至比别人“死”得更快，当然也有被忽悠“死”的。真正的强大不需要外在的东西证明，而是在任何环境下都能够好好地活着。

有些道理很浅显，却往往因为人们少了理性而被忽视。比如，企业做得强、做得大不如做得长久，就像人一样，拥有再多的名利也不如长寿；公司上市，员工可以套现走人，而老板不可以，所以员工比老板更喜欢上市；好项目很多，却不是你想做就能做的，再好的项目，没有人也做不成；很多人喜欢眼睛盯着外面找机会，却不知道能把握住的机会才是机会，不去关注外部的机会才会看到内部的机会；明明知道高利贷利率远远高于企业利润率，一旦还不上款就是死路一条，还是有不少企业铤而走险；做企业是长跑运动，不怕慢，就怕出事，一旦出事就会前功尽弃；那些拍你马屁的人，通常都是在利用你，在你有难时，比谁跑得都快，一分钱也不会帮你；个人爱好和公司经营是两码事，不能把个人爱好强加到企业经营上等。

找对方向，才能做对事。比如，有的老板喜欢把个人爱好强加到企业经营上，但是个人爱好和公司经营是两码事，不能混为一谈；有的老板一直在做没有主控权、处处身不由己的生意，比如加盟、代理、代工等。而有的老板却喜欢找关系走捷径，但是捷径背后一定是风险，完全市场化的行为才能成为真正的事业。

所以放弃幻想，尽快转型到市场化的轨道上来，做能掌握自己命运的事，才是理性和明智的。沉下心，做该做的事，就会慢慢形成自己的竞争优势，才能坦然面对外部环境的各种变化。

从做多到做少

贪多求大是很多老板的通病。他们喜欢多开公司，号称集团公司，并且都印在名片上炫耀。我有一次给学生做入学面试，有一个学生说自己有好几个公司，我说你的公司肯定都不赚钱，他很惊讶，问我是怎么知道的，我说：就是因为你做得太多了。他回去之后关掉了那几个公司，只保留了一个，两年后再见到我时告诉我说公司赚钱了。

这个案例我在前文谈老板目标不明确的时候用过，现在又用在这里，是想说对中小企业来说，最好的战略其实是专注一个细分领域好好做下去，做小而美的企业，这样的成功案例很多，比如几乎占据全球市场的双童吸管。为什么要专注一个细分领域？因为人的精力是有限的，智商也没有多大悬殊，企业成就的大小，很大程度上取决于专注程度的高低。

现代的人不怕钱多，不怕风险，热衷于财务运作、资金运作，但是对中小企业来说，财务上却要尽可能保守，有10元钱只做5元钱的事，绝不能有5元钱去做10元钱的事。不要怕慢，因为成长本身就是一个缓慢的过程，一口吃不成胖子，要知道，企业撑死的多，饿死的少。

经营企业和做人，本质是一样的，结局都是死亡，既然这样，我们为什么不能走得慢一些、欣赏一下沿途的风景、享受一下生命的过程？慢不代表走不远，常听老人讲这样一句话：走路不怕慢，就怕打腰站，站一站，二里半。

突破自己的天花板是老板的责任

企业的成长和人的成长一样，本身就是不断面对挑战的过程，比如，幼儿要学会吃饭、走路、穿衣，儿童要上学、自立，大学时要学会思考，工作后要能养活自己等，企业的发展也是这样，每到一个规模，都会遇到新的困难和挑战，这就要求老板必须不断挑战自己，突破自己的天花板，才能带领企业往前走。然而，现实中却有很多老板走到一定阶段以后就拒绝成长了，因为成长是痛苦的，所以就只是陶醉在过去的成功中，选择了路径依赖。

虽然陶醉在过去可以让老板获得一些自欺欺人的满足，但是作为老板更要意识到，有那么多人跟着自己吃饭，不能因为自己的止步影响了企业的发展，所以如果老板实在不愿意继续改变自己，那么就选择把企业交给培养好的接班人，让企业再攀新高。

第三十八章

中小企业如何建立决策体系

一个健康、靠谱的决策体系可以避免一个人做决策的武断、自负、片面、鲁莽，减少决策失误。

从公司发展的各个阶段来看，战略在每个阶段的特点和重要程度是不同的。在初创期基本上不需要什么战略，唯一的战略就是活着。当过了生存期，进入成长期，就一定需要战略了，而且需要根据不同的时段和变化的环境做调整。就像开车一样，在熟悉的环境不需要导航，但是在陌生的环境一定需要。战略就是一个企业的导航系统，靠不靠谱取决于其决策体系是不是靠谱。

决策的重要性

任何一个组织，最大的损失或失败往往都是因为决策产生的，严重的决策失误会让企业破产，或者被并购、停产、老板跑路，即便是小失误也会因为机会的失去影响公司的发展。这样的案例在我们身边有很多。

公司的健康成长离不开方向和资源的配置，如果错了，就会失去很多机会，比如联想，很早就开始做手机，却错过了做智能手机的机会，还有诺基亚、摩托罗拉也是这样。你错过了机会，就给了竞争对手机会，在以后的发展过程中将会面临非常大的挑战。商场如战场，机会稍纵即逝，一个失误就可能让自己再也找不到位置。

决策中的诱惑

公司战略的本质是舍弃，是选择不做什么，而不是选择做什么，但人性却喜欢贪多求大，多多占有，特别是"草根"出身的老板，对财富的欲望更大，特别容易被外界诱惑、干扰，总以为机会都是自己的，总想证明自己，把追求名利作为理想和目标。表现在做决策上就是急进、冒险、贪婪，失去理性，以至于走上无限制扩张之路。

我有一个学生要投资一个项目，我极力阻止他，他却说人生难得一回搏，大不了从头再来，反正自己当初就是"光屁股"来济南创业的。结果半年之后他真的从头再来了，他说，这一次创业比第一次创业难多了，因为背负着外债。

据我个人的不完全统计，规模在5个亿左右的企业在发展过程中，有80%的企业因盲目投资导致的损失不小于5000万。其实稍微谨慎一些、保守一些应该是可以避免这样的错误的。但是很多老板在风险和收益面前往往会忽略风险的存在，被利益诱惑，或者因为知识架构的局限，认知能力不够，对风险预判失误，对机会认识不清……

如何建立公司的决策体系

决策对公司的发展至关重要，关系着公司的兴衰存亡，那么如何做才能减少决策失误呢？

一是多学习，多几个角度思考。决策其实就是分析利弊，做出最优选择，而分析利弊的前提是要看明白事物的本质。我们经常说"站得高、看得远"，所以要多学习、多看书、多思考，提高自己的认知能力，多几个角度去分析问题，只有这样才能把握未来，提高决策的成功率，减少不必要的失误。对中小企业老板来说，要尽快从日常事务中脱离出来，把更多的时间用在决策上。时间在哪里，结果就在哪里。

关于学习，我的观点是要多学习商业的原理，少学那些所谓的管理经验和技巧，因为经验和技巧这些技术性的东西多数是从过去的行为中总结出来的，是属于过去的，不能指引未来，唯有科学和原理才会让你思考未来，给你方向。

二是群体决策，相互制衡。人有个毛病，做错了的都忘记了，做对了的都记住了，所以总是会认为自己很牛，很相信自己的判断能力和决策能力。这其实只是一种错觉而已，个人决策的成功率往往都是很低的。所以，要想提高决策的成功率最好是群体决策，但是这个群体不是老板和高管，因为他们是上下级关系，在老板面前，高管并不具备独立人格，不会真实地表达自己的想法，甚至有时还会迎合老板的想法，让老板听不到真话。也就是说老板和高管是不能商量事情的，老板想要找人商量事情最好找合伙人，因为老板和合伙人在人格上是平等的，合伙人对不符合理性的事情可以有否决权，不会迎合老板，这样能让老板听到真话，让决策趋于理性。当然前提是公司要有合伙人，如果还没有，那就尽快去做到有。

彼得·德鲁克说过，没有反对意见不做决策。所以老板也要明白，有反对意见并不是坏事，别人也不是为了反对而反对，有了反对意见才有可能促使决策更加理性和完善。所以经营企业要分权与人，不要人治而是要法治，做好制度建设，敬畏制度，让人人都敢说话，才会让公司发展更健康。

三是用机构决策，建立董事会。公司发展到了成长期，最好成立董事会，在法律的框架下做决策，遵循一定的法律程序，决策的结果也是受法律保护的，因为董事的权力都是法律赋予的，受法律保护，这样的话就会让公司更加理性。如果再引进能人作为独立董事（非上市公司可以引进外部董事），则更能保证决策的质量和效率。所有上市公司都是这么做的，这也是中小企业可以借鉴、学习的发展方向和路径。

四是和能人在一起，让自己成长。你能走多远要看和谁在一起，但是人往往是嘴上说愿意和能人在一起，其实骨子里是不愿意的，因为和能人在一起自己会有压迫感、不舒服，所以大多数人还是更愿意和不如自己的人在一起，这样不但放松，而且还特别有成就感。但是作为老板，为了自己的成长，也为了公司的发展，还是要忍受这样的痛苦，用理性战胜自己的感性，尽快和能人在一起，让自己尽快成长，比如聘请公司顾问、外部董事等。还有就是加入一个类似私人董事会这样的组织，在一定的纪律约束下成长，借助外力去克服自己成长的惰性。

决策体系比个人靠谱

决策需要摆脱贪婪、欲望的控制，需要提高决策者的认知能力，避免出现老板拍脑袋做决定的现象，所以在公司度过生存期进入发展期以后，要尽可能建立起自己的决策体系来保证减少决策的失误，提高决策的成功率。

管理是一个使用频率很高的词，也是理论很庞杂的一门科学，但是怎么样做好管理却没有固定的模式，它依赖于很多条件又受制于很多因素，比如完善科学的治理结构会让管理变得简单，符合人性的管理会收到好的效果等。好的治理结构还需要好的管理模式，好的管理模式更要符合人性，才能让企业发展更稳健、更长久。

第三十九章

做企业，能慢才能快

只要一直在走，慢就是快。让人生慢下来，是为了享受过程，让过程更精彩。让企业慢下来，是为了不断完善，不被浮躁绑架，让企业积淀长久生命力的品质。

这些年见过不少陷入危机或死掉的企业，发现这样的企业通常有一个共同点，就是扩张太快了或者过度多元化了，然后就是借高利贷，再然后就死掉了。大多数人喜欢贪多求大，这种心理很容易促使企业走上一条快速发展的路，最后却发现不但没有走快，反倒把自己带进了危机中。从商业角度来说，有时候慢反倒是快，就像民间一直流传的那句话“走路不怕慢，就怕站”，只要一直在走，慢就是快。

慢是成长的规律

社会中充斥着浮躁功利的气息，太多的人追求短平快，做事急于求结果，静不下来，这是现在社会的一个显著特点。那些彰显着一夜暴富、快速成名的信息的诱惑犹如毒药吞噬着人们的意志，人们却浑然不觉。任何一个产品或事物，都有自己的成长规律，都有一个成长过程，就像一个人的生命从孕育到出生需要经历十个月的时间一样，这是必须遵循的规律，操之过急就会出问题。作为老板，也必须经历一个不断成长的过程，没有谁一开始就是一个成熟的老板，他必须经过理论、经验、实践的不断碰撞、思考，才能慢慢成熟、睿智起来。当行为吻合了事物的成长规律，就会获得预期的结果。

快的背后是慢的沉淀

很多人羡慕小米的快速成功，因为大家看到的是小米用两三年的时间就做起来这个表象，却忽略了雷军在金山公司沉淀了二十多年的事实。正因为雷军有了二十多年的厚重积淀和对商业的精准理解，才有了小米今天的快速发展。

德国的工业精神和日本的精益化生产令我们叹服，很重要的原因就是他们能够立足在现场、一步一步地改进，慢下来，沉静下来，点点滴滴地持续改进，成就了他们无与伦比的品质和精准的管理，同时也带来了他们持续快速的发展。正因为如此，所以很多追求品质的人要出国到人家那里去买刀具、买马桶盖儿。

后来据说在日本买的马桶盖儿是中国出口的，这说明中国制造不是做不到，而是不去做，因为做有品质的产品是个功夫活儿，费时费力。

最稀缺的是最值钱的

人在年轻的时候充满幻想，总喜欢一夜暴富的神话。随着年龄增长就会明白，很多事情要慢慢来，体验到过程中的酸甜苦辣，才能真正悟道。但是现在互联网给公众传递的是资源可以整合、信息可以嫁接，谁都可以一夜暴富。舆论把人们的功利心勾了出来，引导大家往这个方向去努力，在功利心的驱使下，太多的人陷入浮躁的陷阱。

总是梦想整合别人，却不知道如果你没有价值，别人都未必愿意整合你；如果你有价值，即便被别人整合，主动权一定还在你手里。

物以稀为贵，最稀缺的就是最值钱的。当一个社会被功利、短视、诱惑充斥的时候，能够沉静下来，放慢匆匆赶路的脚步，审视自己，找到自身的特点和优势，专注于自己的本分，去追求品质，让自己变得有价值，就显得尤为珍贵。不管是做人还是经营企业，有这样的价值取向，才能让自己长久立足。

德国绝大多数中小企业都能拥有强大而持久的生命力，就是因为他们能够守住自己的本分，为品质而生。当互联网经济风靡时，德国人没有被外界诱惑干扰，他们知道自己的本分是制造，也知道人类已进入信息化时代，他们便把信息化融进自己本来的优势上，提出了适合自己的“工业4.0”规划。所以专注于内心的沉静，做小而慢、小而专、小而美、小而深、小而静的企业，才是我们真正应该追求的，也是最有价值的。

慢是不走捷径

陷入浮躁陷阱的人大多数是自己的速成心理所致，以为人生可以走捷径，但是这世界上根本就没有捷径，最好的捷径是不走捷径。那些把互联网、新三板挂在嘴上的人，并不一定真的懂，虽然互联网看上去很热闹，新三板也是风生水起的样子，但是真正理解、做好互联网的不多，靠互联网赚钱的也不多，真正靠上市融资的也不多，反倒是那些没有关注这些，而是踏踏实实做事儿的人，真的把自己的企业做好了。

中国有一句古话叫“内圣外王”，就是你把自己做好了，该好的就都好了。如果你的产品有显著的排他性和稀缺性，那么你根本不用担心自己不懂互联网，互联网会主动找到你。互联网的本质是发掘优秀的资源，不让资源浪费，所以很多人都在做发掘资源的事，但是这种发掘是有风险的，做实事的人越少，发掘的风险越大，而做实事的人的风险却越小，为什么不能沉下心来成为优秀的资源让别人来发掘呢？

慢是一种心态

慢是一种心态，并不是在生活中、工作中慢腾腾地不着急，该做的事情不做，而是用这种心态去体验成长的过程。现实中太多的人缺少这种心态，特别是现在不少年轻人，更喜欢急于求成，很小的年纪就要有房有车，所以更关注眼前的利益。他们忘记了，年轻的时候不是去享受这些成果的时候，这个阶段主要是用来体验生活、体验磨难、让自己成长的，有了这些体验和经历的积淀，到时候自然会得到应该得到的东西。

慢是为了长久

让人生慢下来，是为了享受过程，让过程更精彩。让企业慢下来，是为了不断完善，不被浮躁绑架，让企业积淀长久生命力的品质，走得更快、更远、更久。以前我们常说“不要为了看风景忘记了赶路”，现在想来这句话是有缺憾的，应该还有一句，就是“也不要为了赶路忘记了看风景”。

第四十章

增量思维在经营中的应用

增量思维既能解决眼前的利益分配问题，还能解决未来的利益分配问题（股权），又让个人利益和组织利益趋于一致，并提升企业的竞争能力，可谓“一举四得”，一个思维的转变可以解决企业的大问题。

在企业管理中，我们通常会用“业绩”作为一个衡量标准，而忽视了存量和增量这两个概念，或者把它们混为一谈，给管理带来难度。

如果用存量表示去年业绩，增量就是今年的新增业绩；如果用存量代表现在，增量就代表未来；如果用存量代表工资或绩效工资，增量就代表奖金或晋升。弄明白这两个概念的含义与蕴含的力量并充分利用起来能解决管理中的很多问题，从而为企业创造更大的价值。

用增量思维创造业绩

如果泛泛地用业绩去衡量一个部门或者区域的好坏，很难让人感到公平，因为任何单位、任何时候都会有老部门和新部门、老市场和新市场、好市场和差市场、老员工和新员工等方面的不同。起点不一样，统一用终点的结果来评估其实是有失公允的；而如果用增量业绩去衡量，因为起点都是一样的，结果就会显得公平。

实际如何操作呢？可以通过设定绩效系数的方式。比如，将某部门的存量业绩（去年的业绩）的绩效系数设为1，增量业绩（今年超出去年的部分）的绩效系数设为1.5，也就是说该部门假如完成了100万元的增量业绩，绩效业绩则是150万元，这样，大家关注的焦点就会放在增量业绩上，刚好把部门利益和组织利益统一起来。同理，为了防止老员工或老部门不思进取、吃老本，还可以把存量业绩的绩效系数调整为0.9，也就是说如果今年该部门的业绩和存量业绩一样，那么其今年的绩效业绩相当于存量业绩的90%，老部门想要保持较高的绩效业绩就更要多做增量业绩，这样能够鼓励大家积极开拓市场创造增量，否则不进则退，就会被自动淘汰。

用增量绩效分配奖金

用增量思维确定绩效后，就可以按照绩效业绩的百分比来核算各个部门的管理费用（如5%）、业务提成（如3%）、年终奖金（如2%）了，当然年终奖金也可以是独立核算后利润的50%等。不难看出，谁的增量多，谁的收入就会高。通俗一点讲，存量解决的是大家的喝汤问题，而增量则可以让大家吃到肉，越是能干的，吃到的肉越多。

用增量绩效晋升职位

在职场，每一个个体都希望能够晋升职位，而对一个组织来说更希望出色的人晋升，这样可以保持组织的活力，但是有时候泛泛的绩效考评会“合理”地埋没一些优秀的人才，而用增量思维确定绩效后，就可以按照当年增量绩效（或累计几年的增量绩效）的正态分布对优秀人员进行职位晋升或表彰，这就要比泛泛的绩效公平得多。长久坚持下去，组织的活力不仅会保持得很好，也会越来越有活力，相应的，组织的文化也会充满活力并且更加阳光。

用增量绩效分配股份

现在已经逐渐进入合伙人时代，很多公司已经不是由一个发起人创立，而是由多个合伙人（股东）共同创立，可能创立公司时合伙人凭着感觉或江湖义气把股份分了，创业阶段大家心往一处想，劲往一处使，合伙人之间还都是一团和气。但人是会变的，在任何一家公司，都会存在这样的情况，有的人干得多，有的人干得少，甚至还可能会有离职的，时间长了干得多的就会感到不公平，凭什么我干这么多，股份还没有别人的多或者一样多，然后就会心生怨气，慢慢就开始有矛盾了。

合伙人之间产生矛盾很正常，合伙人之间解决矛盾，说难也难，说不难也很容易，关键是合伙人用什么样的心态去对待矛盾。如果一定要在谁干得多谁干得少上分出个青红皂白，站在某个点上解决问题，那么结局一定是悲惨的，一伤俱伤，甚至辛苦的创业成果也付诸东流。真正有智慧的创业者，看重的是公司的发展，因为他知道一荣俱荣的道理，所以他会用发展的心态去对待矛盾。

其实上述合伙人之间的矛盾如果用增量的思维去解决就会非常简单，公司只要还在发展，就一定会产生增量，我们可以根据产生的增量来确定一个系数对有贡献的人员（包括股东）定向增发股份，比如净资产或营业收入每增加一倍就增发10%的股份，这样贡献大的人得到的股份就会多，没有贡献的人就没有股份，体现的是多劳多得的原则和对劳动的尊重，自然也就不存在股东之间的矛盾了，而且也顺便解决了新人如何成为合伙人的问题。

用增量奖金购买股份

对有贡献的人员增发股份，一定要让他们花钱买，因为钱在哪儿，心在哪儿，不花钱的东西人往往会不珍惜。

那么钱从哪儿来？他们可以用增量奖金来购买，既解决了有贡献人员购买股份的资金来源问题，又缓解了他们购买股份的资金压力。当然用这种方式购买股份时，公司最好要给予一定的优惠。不难发现，干活多的人，奖金就会多，晋升机会也多，获得的股份也多，可以用来购买股份的钱也多，正好是一个良性循环。

对于不是股东的高管，也可以事先约定好，奖金的一部分（如50%）延期两年支付（公司当然要支付一定利息），将来可以用来购买股份，这样既可以为高管解决将来购买股份的资金来源，又对高管有一定的约束，防止其有短期行为，有效控制公司风险。

增量思维可以一举四得

企业管理就是对责、权、利的平衡，使其达到统一，如果用一个字来表示，就是“利”，善用“利”使责、权、利统一。增量思维既能解决眼前的利益分配问题，还能解决未来的利益分配问题（股权），又让个人利益和组织利益趋于一致，并提升企业的竞争能力，可谓“一举四得”，一个思维的转变可以解决企业的大问题。

第四十一章

企业连而不锁，未来在哪里

连而不锁的企业通常会没有未来，或者说未来不会那么美好。

那么是否有解？如何解？

前段时间朋友给我讲了这样一家企业。一个家常菜馆，已经开了20多个店，分别由兄弟几个和其他亲戚经营，菜品基本统一，经过多年努力，这家菜馆的品牌在当地已经家喻户晓。但是企业的发展却遇到了瓶颈，维持还行，增长很难。现任董事长希望把这些店统一管理起来，以利于未来发展，同时，又想利用现有菜品推新品牌，以期增长。

朋友问我怎么看，这家企业未来前景怎么样。任何一个企业发展到一定阶段以后都会遇到瓶颈，像这种连而不锁的餐饮企业该如何走好未来的路呢？

连而不锁，未来并不看好

连锁一般是又连又锁，而这家企业是典型的连而不锁。如果继续这样下去，通常会没有未来，或者说未来不会那么美好。

随着时间再往前推移，这些兄弟和亲戚们的想法会不一样，一旦想法不一样，产品就会不一样，产品不一样就会稀释品牌的影响力，而且他们各自的能力不一样，对品牌的理解和影响也不一样，能力弱的人往往会伤害品牌。同时每个人都会认为品牌是自己的，就容易自作主张发展加盟，但是让外人加盟进来以后往往更容易伤害品牌。

这些问题都会造成家族成员之间的矛盾，比如做得差的伤害到做得好的，做得好的埋怨做得差的，而一旦有了矛盾，势必会削弱企业的实力，影响企业的未来发展。

如何从连而不锁走向真正的连锁

既然这样，那么如何改变这种现状，去做一个真正意义上的连锁企业，并保持持续发展呢？最好的办法就是成立统一的公司，实现统一管理。具体做法可以参照如下方式：

一是把现有的所有门店进行估值、折股，成立股份公司。可以根据门店的盈利情况、店面的大小、资产情况、开店的时间等进行估值，然后把每个门店的估值折成股份，成立统一的公司，拥有门店的家族成员成为公司的股东，按照股份制公司的特点来搭建公司的治理结构，由股东成立统一的董事会，选出一个总经理，当然，董事长可以兼任总经理。

二是由公司统一管理公司品牌，统一公司产品、公司形象、供应链等。统一管理最大的好处就是品牌不会被稀释，是持续发展的一个基础。当然统一的前提是公司的品牌要归这个公司所有。

三是统一管理具体到家族成员身上可以有这样两个选择：第一，全部统一管理。比如，各个门店的店长由公司统一委派，根据考核结果，能者上庸者下，那么家族成员中适合当店长的人就可以有两份待遇，一个是店长待遇，一个是分红收益，不适合当店长的，可以只分红，可以留在企业做其他的工作，也可以出去在别的地方工作或者创业。第二，开放经营权。当公司的品牌、产品等全部由公司管理之后可以把经营权开放给家族成员，也就是说不在高层团队工作的家族成员可以优先加盟，家族成员可以根据自己的能力，自由选择加盟多少，甚至可以区域加盟。这两种方法既能保证公司的活力与能力，又能体现肥水不流外人田的家族情结，既有利于公司的持续发展，又能维护家族间的亲情延续。

做好顶层设计才是基础

顶层设计在公司治理中的作用非常重要，对于家族企业式的连锁企业来说，做好顶层设计更为重要。家族成员间讲的更多的是亲情，但是一旦共同成立了公司，他们就同时拥有了另外一个身份——股东，股东之间有一个最基本的逻辑关系就是同股同权，所以股东之间讲的更多的是理，有理就说理，与亲情、辈分无关。当情和理交织在一起的时候就很容易产生矛盾，伤害到亲情，亲情没了就容易分家，分家一定会削弱企业根基，一定会两败俱伤，现实中有太多这样的例子。

为了避免这种伤害，可以参照李锦记的做法，就是把股东会改成家族委员会，这个家族委员会的职能有两个：第一个是为维护家族成员间的亲情搞一些活动，比如学习、开会、娱乐等；第二个是提名董事或是推选董事，推选出来的人就代表这个家族来管理这家企业，没有被推选的就可以只是当股东分红，至于怎么分红家族成员可以再商量。

统一管理依旧存在风险

经过一二十年的经营，家族成员利用共同的品牌已经建立了各自的独立王国，形成了习惯性思维，就像古时候分封在各地的王，当你想再收回权力的时候一定会面临各种阻力。所以如果想要半路上改制，一定需要让家族成员统一思想，并且让他们感受到他们自己的利益不会受到伤害。李锦记也是经历了分分合合的磨合才找到适合自己家族企业的生存模式。

我赞成家族企业的统一管理，因为家族的团结会让企业坚强有力量，家族成员之间的合作总比和外人的合作更让人相互信任，但是如何统一管理，其实运作的手段和技术并不难，难在人心的向背，这是需要下足功夫和诚意的。

统一管理，能让企业做强做久成为可能，同时也存在家族企业分崩离析、家族成员反目成仇的风险，但是如果不做统一管理，继续连而不锁，各自为战的企业抗风险的能力就会比较小，企业做强做久的可能性也会小很多。

任何改变都存在风险，所以改变之前对可能的风险做理性的分析和判断，做好充分的准备和各种预案还是很有必要的。

推新品牌是否可以实现增长

消费者不断变换的口味和尝新的欲望常常促使餐饮企业对菜品进行花样翻新，这是餐饮企业的特点，所以有能力推新品对于餐饮企业来说很有必要，这样可以保持老品牌的活力，提高回头客的概率以及口碑相传的力量，这是餐饮企业首先应该考虑的增长模式。

推一个新的品牌到广为传播，相比保持老品牌的活力来说，是一件比较艰难的事情。把老品牌做精、做专、做新，并在管理上下足功夫，足可以保证一个企业很好的发展，同时也为推新品牌打下良好的基础。

当一个企业的治理比较完善的时候，再考虑推新品牌，成功的可能性会更大，比如采用内部创业的模式鼓励有能力的年轻人做一些尝试，这也是培养年轻人的一种方式，为企业的传承打基础，内部创业的模式可以参照王品集团的做法。

家族是为企业服务的

因为有亲情在，家族企业的纽带通常应该更坚固，却往往会因为亲情和利益的纠缠，拎不清家族和企业的关系，使得家族企业很脆弱。

能够传承下去才是家族企业的终极目标，而不是满足于一时一世的利益所得。家族企业只有通过做好顶层设计和治理结构设计，理性处理亲情和利益的关系，才可以确保公司有延续，有未来，有传承。

家族为企业服务，而不是企业为家族服务，这是每一个家族成员都需要明白的道理。

第四十二章

知道人不可靠为什么还相信自己可靠

人是感性的，制度是理性的，制度是用来约束权力和人性弱点的。

人是魔鬼与天使的结合体，只有有了制度的约束，才能更像天使。

作为老板，都知道人是不可靠的，应该相信制度，也制定了很多制度，但是能够执行下去的却不多，很多都成了摆设，更谈不上效果了。内耗严重、管理成本逐年升高、员工不满、团队不稳、人才培养跟不上等问题都会出现。这让老板很无奈，也让老板很困惑，不知道这究竟是为什么。

都知道人是不可靠的

每一个个体的人也许在某一个时间段是可靠的，但是人是会变的，环境会改变一个人，若环境不好，坏人很难变好，好人却很容易变坏，而且人会有情绪，情绪会左右一个人的判断和决定，致使其理性不够，所以，人大多不能保证自己永久可靠，老板也一样。

如果一个企业把权力交给人却没有相应的约束，那么人慢慢就会学会暗箱操作，时间长了就可能无恶不作，因为绝对的权力会产生绝对的腐败。如果把权力交给了小人，企业的未来就会更糟。

如果你是老板，权力完全在你手里，那么你的喜怒哀乐就会给别人带来不安全感。人治的结果，会培养一群马屁精，有能力的人却会走掉。因为能人不喜欢这样的人治，更喜欢相信制度的力量。事实上，越是专制的老板，手下的马屁精越多，因为越是能人越不愿意也不需要拍马屁，而越是没有能力的人越喜欢拍马屁，因为拍马屁可以从老板那里得到自己通过能力得不到的东西。

所以，如果知道人是不可靠的，那么也应该知道寄希望于靠人的自律来管理企业在今天就显得很不靠谱。

都知道该相信团队、系统

任何组织都不要把未来放在一个人身上，而是要放在一个团队上，依靠集体决策，既能限制个人意志的强行介入，又能充分利用集体的智慧，这样的话组织的发展才是良性的，组织内成员也能充分施展自己的才智。

对企业来说，建立一个有规则、敬畏规则的团队是至关重要的。2015年万科宝能之争时，人家提得最多的就是万科的团队，万科最值钱的就是团队，还有华为、联想，它们也都拥有一个非常完善的制度体系，这是它们这么多年来可以立于不败之地的有力保障。

团队是规则的载体，规则是通过团队来建设、执行和修正的，规则因团队不断完善，团队因规则不断成熟和进步，从而更好地完成组织的目标和任务，避免甚至杜绝人治中的乱象。

都知道道理，为什么效果不好

人是不可靠的，要相信制度，老板都知道这个道理，可是为什么效果不好？

事实上，几乎90%的企业表面上是法治，实质上还是人治。在制度与老板本人之间，老板首先还是相信自己，其次才相信制度。很显然，在这种逻辑下，企业管理的本质还是人治。

在人治的情况下，首先破坏制度的一定是老板，但是老板一定会要求员工去执行制度。老板认为制度是用来约束别人的，所以就带头违反制度，管理者也会认为制度是约束员工的，所以会对员工颐指气使，员工就会很不服气，执行力就会降低，这样一级压一级，越来越离谱，最后形成公司的虚假文化，说一套做一套。结果有制度还不如没制度，团队建设和系统建设就成了假的。

由此可见，老板相信自己超过相信制度是很多企业不能很好执行制度的重要原因，也是很多老板还没有意识到的。

既然人不可靠，难道你就可靠？

老板只是比别人多了一重身份而已。人性的弱点谁都有，区别只是程度不同而已，既然这样，你凭什么相信你自己是可靠的？逻辑不对，结果就不会好，所以既然相信人不可靠，那么也该相信自己不可靠。

即便你真的可以保证自己永远可靠，可是等你把企业交给接班的人，你能保证接班的人可靠吗？既然不能保证自己和接班的人都可靠，那么在制度与人之间，就应该相信制度，而不是相信自己或者某个人。

让制度大于老板，依法不依人

人是感性的，制度是理性的，制度是用来约束权力和人性弱点的。人是魔鬼与天使的结合体，只有有了制度的约束，才能更像天使。比如1980年，古巴放开了对马列尔港口的控制，故意让15万名囚犯、精神病患者和妓女等逃难到迈阿密，但是这些偷渡来的难民却在迈阿密的建设中成了主要劳动力。经过30多年，今天的迈阿密已经发展成为具有世界影响力的超级大都市，有“中南美贸易金融之都”之称。由此可见，制定好的规则非常重要，尤其在企业这种小微环境里，作用尤其明显。

对人性的理解影响制度建设。西方哲学往往都立足于原罪，比如16世纪法国的约翰·加尔文，秉持圣经，强调人性的完全堕落，如不加以制约，几乎必然带来骄傲、狂妄和败坏。1787年，美国就是以这样的人性观为基础设计自己的政体。对于权力的制约，比较经典的是任期的限制和部门之间的制衡。

所以让制度大于老板，依法不依人，是企业施行法治能够取得成效的根本保障。不管什么样的老板，都要切记不要相信自己大于制度，要对制度有敬畏感，用制度约束自己、完善自己、建设团队、群体共治。只有这样才能形成企业里制衡、分权、民主、尊重的管理环境。

依靠制度比依靠人重要

人不可靠，是因为人性有弱点，有私欲。制度可靠，是因为制度是一群人在理性的状态下制定出来的，是对人性能达到的理想状态的要求和标准。明白了这个道理，就会明白在企业经营的过程中依靠制度比依靠人重要和靠谱。所以，为了企业的长远发展，老板一定要做好企业的制度建设和完善，并且有意识地培养自己敬畏规则、遵守规则的意识，真正做到依法不依人。

第四十三章

商业与人性

商业一方面利用了人性中劣性的一面，一方面又需要利用人性中优秀的一面去经营企业，用理性控制欲望的泛滥，用理性剖析商业的本质。懂得商业与人性的关系，才能让企业经营少走弯路，让整个商业系统更加健康、文明。

企业是由人来经营的，产品要满足客户需求才会有销路，而经营企业、经营客户更要以人为本，实际上就是以人性为本，所以从这个角度来说，所有的商业活动都是围绕人性来展开的，那么，商业与人性是一种什么样的关系呢？

商业的发展源自人性中的欲望

商业起源于商品交换，商品交换源于人们不同的需要，最初的需要很单纯，只是为了生存，但是经过几千年的变迁，人的欲望越来越多样化，商业活动也越来越丰富，发展到今天这样一个竞争激烈的时代，创新能力显得尤为重要。但是创新需要有一个基点，才不至于离谱，这个基点就是人性，所以我们会发现，商业模式和产品设计多是基于人性中的某种特性来展开的，特别是人性中那些不怎么光辉的一面更容易被利用，比如懒惰、贪图便宜和享受、喜欢炫耀等。

苹果公司的产品很人性化，很大程度上是因为满足了人们懒惰的特性，电商的风生水起一方面是因为满足了人们贪图便宜的心理，一方面满足了人们懒得逛街的惰性，而奢侈品的诞生与升级则是为了满足人性中的虚荣。从这个层面上来看，其实是人性中的欲望催生并促进了商业的发展。欲望无止境，创新就无止境，但是，人又是理性的，不至于让欲望疯狂。

理性与贪婪

经营企业本身也是老板人性的体现，人性有共性也有特性，每个老板的特性各有千秋，造就了各个企业不同的文化和特色，而共性则是老板们需要共同关注并引以为戒的，比如人性的贪婪。

人性的贪婪表现在方方面面，往大一点说，是人类的贪婪对大自然无度的索取造成了今天我们生存环境的恶劣；往小一点说，每一个个体都希望能够少付出多收获，由此造成了人与人之间的各种矛盾。做企业更容易被贪婪牵着鼻子走，因为钱会激起人贪婪的欲望。特别是当企业发展到一定程度之后，会有资本进入，由资本控制，而资本更能体现这种贪婪。所以如果没有理性去控制贪婪，就会让企业走上无限制的扩张之路，试图做大做强。但是，整个社会的资源是有限的，我们的能力是有限的，我们的精力也是有限的，有限的资源、有限的能力和有限的精力是无法承载无限的欲望的，所以任由人性的无限欲望去扩张自然不会有什么好的结果。

有多大的资源和多大的能力去办多大的事情，才是符合规律的，才能长久。从古至今从来也没有哪一个人、哪一个企业、哪一个国家统治过整个世界，这是规律。

我经常说，长得快的死得也快，活得久的通常不是大的、强的。自然界中，恐龙已经绝迹，而那些看起来弱小的，比如蚂蚁、蟑螂，生命力却很旺盛，而蟑螂曾与恐龙生活在同一时代。

企业也一样，能够活得久的通常也都是小企业。名利与长寿，如果让大家二选一的话，我相信大多数人都会选择长寿，因为长寿是我们每一个人的梦想，做企业又何尝不是如此？道理其实就是这么简单，但是理性一旦遭遇膨胀的物欲，往往会显得极其脆弱，很多人会抵挡不住诱惑去追求做大做强，追求所谓的名利，放纵人性中的欲望而成为欲望的奴隶，所以我们才会看到很多倒闭的企业和跑路的老板。

商业与反向的人性

尽管商业模式和产品设计是基于人性的某些特性在发展，但是商业活动本身却和我们很多人表现出来的人性是反向的，比如：不能任性，而是要自律；不能贪婪，而是要有度；不能只想占有，而是要学会舍弃；不能聒噪喧嚣，而是要内敛沉静；不能扩张无度，而是要专注一个领域；不能贪多求大，而是要力求做精做细；不能只是追求外在的成功，而是要做到内心的坦然。

那些致力于做精、做专的老板，他们是理性的，他们懂得战略的本质是放弃，而不是拥有，懂得商业上“少就是多”的道理。他们往往是位居行业的标杆，引领着一个行业的发展。

因为他们专注，所以更能快速反应，响应客户需求，满足个性化的私人订制。因为他们专注，所以更能提升自身竞争力，具有创造力和生命力。他们没有侵略性，所以更容易寻找到更好的合作伙伴，更容易成为一个生态系统的节点，相互配合、相互服务、共创、共享，让整个行业的发展走向理性和健康，而这种成熟的商业环境也会让人性更完美、更自信。

基于人性的定位

做企业很容易把目光聚焦在产品上，比如产品的质量、性能、成本、种类等，追求质量、性能的优越和低成本是必需的，但是如果过度关注产品的种类，企图覆盖这个领域的所有产品甚至跨领域生产就属于战略性错误。从客户这个层面来看，专注于某个领域或某个产品的企业会更受客户青睐。

专注是受人喜欢的品质，专注于某个产品或某个领域的企业会在客户心里留下深刻的印记，并且会在心里给这家企业定位，知道这家企业是干什么的，也会认同并信任这家企业的产品，比如麦当劳专注于汉堡，肯德基专注于炸鸡。

当客户不知道一家企业到底是干什么的时候，购买这家企业产品的概率就会降低，比如大家都知道联想集团是做电脑的，在中国计算机领域做到老大的地位并且收购了IBM的PC业务，但是十多年以后跨入手机领域却变成了手机领域的输家，而在电脑市场上的份额却还是处于领先位置。为什么？因为客户给联想的定位一直都是电脑。联想电脑虽然还是位居首位，但是其手机产品的介入在一定程度上也还是会影响人们对其电脑产品的信任度。

联想尚且如此，何况小企业？如果我们的产品庞而杂，客户一定会想：这家企业什么都做，会不会什么都不精啊？所以把自己放在客户的位置上，看看自己在想什么，需要什么样的产品，就知道如何定位自己的企业，是要做专、做精还是要做多、做杂了。

商业需要理性经营

商业一方面是利用了人性中劣性的一面，一方面又需要利用人性中优秀的一面去经营企业，用理性控制欲望的泛滥，用理性去剖析商业的本质。懂得商业与人性的关系，才能让企业经营少走弯路，不功利、不浮躁、不投机、不盲从，少被误导、少被诱惑、少被忽悠，理性、自信、坦然的去经营企业，让整个商业系统更加健康、文明。

PART 09 第九部分

股权战略微思考精要

这部分内容是我最近几年来的思想沉淀，是我对人性的思考、对股权和公司治理的认识的简短文字记录。

2014年度微思考精要

规则的制定成本和执行成本成反比，制定成本越高，执行成本越低，所以提高员工执行力最好的手段是让员工参与规则的制定，让员工有做主人的感觉，对规则的背景有认识，而不是给员工提出感恩公司、以公司为家等道德上的要求。

——2014年1月7日 青岛

功臣不稳、能臣难安，因为有恒产者才会有恒心。

统一思想难，统一目标（利益）易，天下无难事，只要股份制。

——2014年1月8日 青岛

经营好自己的企业，照顾好自己的员工，就是对社会最大的贡献、最大的慈善。社会的文明由经济来推动，而商业的文明是由众多的民营老板来推动的。

——2014年1月15日 济南

自己自私就要允许别人自利，自己为自己做就要想办法也让别人为自己做，把股份分给员工，让每个人为自己做，把企业做成大家的。

我们很难统一思想，但可以统一目标，统一利益，上下同欲，建立企业目标共同体、利益共同体，将无往不胜。

——2014年2月11日 泉州

控制一家企业，更多时候和股份多少没有关系，只取决于股权的设计，比如华为的任正非用1%的股份100%地控制了华为。一个老板如果能够确保控制一家企业，不把多余的股份分给弟兄们是最大的浪费。

——2014 年 2 月 26 日 菏泽

中小企业转型升级其实就是把火车变成动车的过程，老板要从以前的拖着弟兄们往前跑转变为把每个弟兄们身上都装上发动机，让众多弟兄们推着自己往前跑。回归到老板的本位，做该做的三件事：激励员工，把握方向，控制风险。

——2014 年 2 月 27 日 德州

对公司创始股东也要进行股权激励，不然就会出现股东们都在等分红却没人干活的现象，或者等公司做大了，干活的股东会认为不公平，从而造成公司分裂。如爱多VCD创始人胡志标在公司成立只有2000万的规模时占45%的股份（另外两个外部投资人分别占45%和10%），等他把公司做到27亿时还占45%的股份，心理就不平衡了，偷偷转移公司资产，被判刑八年，爱多从此消失。

——2014 年 3 月 5 日 潍坊

企业留不住人，更多的不是理念问题，而是金钱问题。老板喜欢用感恩忽悠员工，发现没忽悠住，就说理念有问题，其实是不给钱让人家干活，人家不愿意，就用自己的道德来评判人。这样会永远没完，真正该做的是建立利益共同体，共同用规则来评判。

——2014 年 3 月 8 日 赣州

企业家就是把企业当家的人。老板为什么把企业当家？很简单，企业里有他家的东西。如何让一个企业里有更多的企业家？就是让企业里有很多人的资产，即对高管实施股权激励。

——2014 年 3 月 11 日 平原

学习的重点是“习”而非“学”，学习不是通常意义上的看书、上课，而是应用、实践。如孩子的学习，不是为记忆知识而是为改变行为，学会生活，乃至生存，理解生命，所以我从不要求孩子考高分。学习在工作上就是去解决问题，学会分享，学会讲，学会写。

——2014 年 3 月 20 日 日照

合伙创业，如何做到大股东不失去控制权又能给别人安全感，既能互补又能分工明确，是合伙成功的关键要素，这点马化腾做得很好。

——2014 年 3 月 21 日 德州

自私是人类商业活动发展的动力，但人又是理性的，所以通常一个人想让自私最大化，就不能去伤害别人，而且还要能帮助别人。比如我讲课，如果想收益最大化，前提就是让学生受益最大化。

——2014 年 3 月 27 日 德州

两个人搭伙做买卖，股权上一定要一大一小（一个人股份多，一个人股份少，如80：20或70：30）或者高度互补（如一人懂技术，一人懂管理）。另外，最好两个人有共同的信仰。

——2014 年 4 月 3 ～ 4 日 郑州

昨天有一位县长找我去救他们县里的一个企业，如果不救，由于企业间的联保会死掉好多企业，这让我感慨良多。中国的很多企业和中国人一样穷怕了，一有机会就想得到，铺的摊子很大，就像饿急了的人有了吃的就拼命去吃，不管自己是否饱了，结果给撑死了。企业通常是因为要做大而做死的，想大而强多半会死的快，小而美才会长久。

知道自己能力有限，也知道学校很难做大，所以我只想把泰山管理学院做成小而美的商学院，有独立思想和独立人格，坦然而优雅地活着。

——2014 年 4 月 12 日　济南

打江山易，分江山难，讲义气易，定规则难，没有规则，谁都可能成为坏人，有了规则，人人都可能成为好人。

——2014 年 5 月 6 日　洛阳

工资和奖金只能对员工短期激励，而股权激励对员工来说是很好的长期激励工具。股权激励中的干股激励只能和老板共享利益，却不能共担风险，但期权激励能做到利益共享，风险共担。

——2014 年 5 月 16 日　大连

股权激励是用明天的钱激励今天的员工，如果一个员工能给企业创造1000万元的收益，企业就给他价值100万的股份，如果不能创造收益，就不给他股份。由此可以分析，员工没有创造收益，企业没有股份损失，如果员工明天创造了收益，那么企业只是从明天的收益中拿出了很少的一部分给了员工。

——2014 年 5 月 17 日　北京

接班人（团队）培养的难度超过我们的想象。建议家族（民营）企业老板要提前二十年做准备，不然别说“富不过三”了，“二代”都过不了。

——2014 年 5 月 20 日　潍坊

管理就是管人，管人的前提是要正确地认识人性，如果认识错了，管理的代价就大了。我对人性的理解，用一个字描述是“贪”，用两个字描述是“自私”，用四个字描述是“自私”但又“理性”。自私是动力，理性则会监督自私并驱使共赢。

——2014 年 5 月 30 日 济南

控制权等于一切，没有控制权只有所有权等于什么都没有，控制权远比股份重要，所以在做股权设计时，只要能控制企业，有多少股份并不重要，可以尽可能地分给弟兄们！

——2014 年 6 月 4 日 平阴

晚上参加一个学生组织的私董会宴请，席间有个学生谈到他曾让一个员工做某项目负责人，无论如何做工作就是不肯答应，后来说要给其10%的股份，结果这个员工就爽快答应了，足见股份的魅力所在。

——2014 年 6 月 11 日 合肥

你在哪里不重要，重要的是你要知道你将来要到哪里；你想做多大不重要，重要的是你要知道你能做多大；你是谁不重要，客户认为你是谁重要。

——2014 年 6 月 17 日 惠民

中小企业表面上是缺钱，实际上是不能挣钱，到处找钱不能解决根本问题，如果把精力放在商业模式上，则有可能解决根本问题。

——2014 年 6 月 25 日 烟台

我来杭州讲课，真的不能说是为了中华民族的伟大复兴和浙江的经济发展这么高尚的目的，也许会起一点点作用。实际上，我的目的是为“私”的，为我自己，为泰山管理学院，为听我课的学生，因为他们得到的多，我的自私才能最大化。至于我的学生因为听了我的课，将来做了什么促进经济发展的事，那是我讲课的后效应，是结果，但不是目的。国家，重点在“家”，每个家幸福了，国家就强大了，但不是倒过来，所以照顾好自己，照顾好身边的人，让弱者有尊严，就是最大的爱国。

——2014 年 6 月 28 日 杭州

战略的本质是放弃而不是拥有，而人间所有的悲剧几乎都源于人性的贪婪，所以战略和人性是矛盾的，好不容易把企业做大，却又因为抵抗不住诱惑，很难有善终。

——2014 年 7 月 1 日 沾化

俗话说“秀才遇见兵，有理说不清”，由此可以推断，好人同坏人或懒人讲道理是讲不通的，反倒会给别人留下把柄，让自己吃亏。与其这样，还不如就不去讲道理，而是直接讲规则，没有规则就先定规则，这样双方都不吃亏，都不受伤害。

——2014 年 7 月 3 日 天津

理想的社会是政府负责制定规则，企业负责创造财富，社会组织负责制造良心。

——2014 年 7 月 9 日 济南

小人不认为自己是小人，坏人也不认为自己是坏人，他们反倒会认为好人是坏人，所以老板和员工相处要多讲规则，少讲道德，包括理想。

一个老板要想在自己的极端理想和员工的极端现实之间取得平衡，唯有依靠规则，企业讲规则多了，道德自然就回归了，文化比如遵守制度的习惯也就自然形成了。

——2014 年 7 月 11 日 德州

当经验不能让我们走向未来时，唯有去认识事物的本质，也就是常识，方能带我们面对未来。

——2014 年 7 月 12 日 济南

增量对应的是存量，增量思想能解决企业中很多关键的问题。管理就是管未来，每个成员存在的理由就是为组织做贡献，也就是创造增量，所以基于增量思想去考核员工、考核项目、考核分支机构（含门店）都很好用，包括股权激励就是分增量。

——2014 年 7 月 19 日 广州

如果夫妻一方能给另一方安全感，另一方就不会存私房钱；如果企业能给员工安全感，员工就不会太计较奖金；如果大股东能给小股东一定的话语权，公司就不会分裂；如果国家能给国民安全感，这个国家就会平和、包容、理性；反之，就会浮躁、功利、暴力。总之，给别人安全感，你才会安全。

——2014 年 7 月 25 日 石家庄

既要考虑创始股东的贡献，又要对新股东有一定的吸引力。既要让大股东有一定的控制权，又要让小股东有一定的否决权。既要考虑作为股东的利益，又要考虑不作为股东的安全。

——2014 年 7 月 29 日 青岛

几个人合伙做企业，大股东如果靠权力说话，小股东就会不愿意，公司就会分裂；如果靠义气、靠感情、靠道德，则没标准，说不清楚，公司就会内耗，低效；唯有靠规则，大家都用一个标准相处，比如成立董事会，企业才会长久。

——2014 年 8 月 1 ～ 2 日 黄山

以法生德，以德固法。所以依法才能治国，现在国家开始讲“依法治国”了，不再像过去只讲“以德治国”；同理，企业有规则就会有文化，没有规则，文化就仅仅是员工拍老板马屁的口号。

——2014 年 8 月 8 ～ 10 日 郑州

中小企业80%活得艰难，活得舒服的那20%也有很多因挡不住诱惑而死了，真正活得很明白的、活得很好的企业并不多。所以老板们千万别拿欲望当理想。对中小企业来说，家里有粮心不慌，活着就是最大的理想。

——2014 年 8 月 27 日 济南

制定制度要以假设人性恶为前提，推广文化要以假设人性善为前提。

道德是用来约束自己的，而不是用来指责别人的。

规则是用来约束自己又约束别人的。

现实中，不管是有权者还是无权者通常都会用道德来打击和指责别人。对待别人道德层面的问题，通常要宽容，不能用道德绑架。

真正的爱是宽容和接受，而不是占有和享受。如夫妻情爱，应宽容和成就对方，而不是以爱的名义去占有和限制对方。如父母之爱，应让孩子多尝试和体验（但是因为有风险，会让父母感到痛苦），而不是以爱的名义去限制和压制孩子（这其实是父母在爱自己，避免自己痛苦，是一种自私的爱）。

——2014 年 9 月 13 日 济南

以客户为中心，就是要听客户的，而不是听领导的，但现实是很少有听客户的，都是听领导的，大小事都要领导签字、审批，所以“以客户为中心”是假的。什么时候“以客户为中心”是真的了，企业也就真正有竞争力了。

——2014 年 9 月 15 ～ 16 日 梁山

两个人合作长久与否，不仅取决于是否有共同的利益，更取决于两个人散伙成本的大小。

两个人刚相亲时，散伙成本通常是零，所以就很容易散伙，在结了婚有了孩子后，散伙可能会毁掉孩子，也就是他们下半生的幸福，成本太大，也就不容易散伙了。

同样，两个人合伙，如果一人没股份，对没股份的人，散伙成本几乎为零，就容易散伙，如果都有股份，散伙会毁掉多年心血，成本很大，就不大容易散伙。

——2014 年 9 月 18 日 莱芜

企业融资的三种渠道分析：通过股权融资无责任风险（合法经营），通过银行融资承担有限责任（会拍卖你家房产），通过高利贷融资则要承担无限责任（会出人命）。所以企业要多用股权融资，少用银行融资，不用高利贷融资。

——2014 年 10 月 16 日 青岛

用别人的钱给别人干活是成本最高、效率最低的事，用自己的钱给自己干活是成本最低、效率最高的事。所以“大锅饭”形式的企业是糟糕的组织，民企表面上是好的组织，但仔细分析，民企其实除老板在给自己干以外，其他和“大锅饭”没什么两样，员工也在给别人干，所以民企要真正有好的发展，还是要调整内部结构，让每个人给自己干，即自主经营。

——2014 年 10 月 17 日 青岛

公司风险可分为治理风险和经营风险，但通常都表现为经营风险，比如独断专行导致的决策失误，本质是因为治理结构不健全（比如没有董事会），但表现却是经营不好，资金短缺。

治理产生的风险通常是致命的，经营产生的风险通常不会伤筋动骨，所以有了一定规模后，老板还是要把重点放在公司治理上。

——2014 年 11 月 6 日 温州

在传统的激励方式中，大多只有激励性没有约束性（比如工资、奖金），而股权激励既有激励性，又有约束性（如果公司死了，都跟着倒霉）；在传统的激励方式中，多数只能分享现在，不能分享未来（因为未来是老板的），但股权激励能做到既分享现在，又分享未来；在传统的激励方式中，多数是有福同享，有难老板自己当，但股权激励能做到有福同享，有难同当。

——2014 年 11 月 7 ～ 9 日 温州

作为老板要多和员工讲利益、讲规则，不要把自己当作好人和他们讲道德、讲感情，即便是你讲这些，也没有人相信你。

——2014 年 11 月 12 日 沈阳

不要拿欲望当理想，更不要拿成功当成长。

追求欲望和成功，本质上追求的是名利，想用外在的东西证明自己或满足自己。

追求理想和成长，本质上是在提高自己的能力，用内在的东西去创造价值。

内在的能力永远是自己的，远比名利安全，而外在的东西随时会丢失，比如权力、财富，所以做人要多追求内在的，少追求外在的。

——2014 年 11 月 13 日 济南

一个老板把自己的企业做好了，成为细分行业的领袖，哪怕只是很小的行业或者只是一个区域市场，整个行业都会向你学习，这样你就影响了整个行业。

一个国家的文明来自商业文明，而商业文明来自企业的发展。所以每一个老板的努力，都是在直接或间接地促进这个国家的社会文明。

——2014 年 11 月 25 ～ 26 日 威海

有了权力之后，用权力容易，不用权力难。

如果用了权力，时间长了，就会把权力等同于能力、等同于道德，而能力和道德用进废退，慢慢就没了，只是当事人察觉不到，就像皇帝的新装里那个皇帝一样。

如果不用权力，只能靠你的人品、能力去影响他人，如此下去，团队就会积极向上，自己也提升很快，成就了自己也成就了别人。

——2014 年 11 月 30 日 上海

现代企业治理不能不考虑时代背景的差异而把传统文化的东西全盘拿过来就用，这对企业其实是一种伤害，比如“用人不疑，疑人不用”，现代企业讲用人就要有监督，不疑需建立在公平、合理、透明的规则之上；“见面分一半”，讲的是义气，是对既有成果的一次性分配，而对现代企业来说，经营是过程不是结果，所以如果两人合伙，股份就万不可平分；过去人与人之间多是“主仆”和“上下级”关系，而现在合伙人之间应该是平等的关系。

——2014 年 12 月 6 ～ 7 日 太原

创新的基础是机制创新。没有机制创新，就是凭老板个人努力或偏好推动的被动的、点状的创新，就像传统火车一样仅靠车头驱动，无论怎么跑也跑不过动车。真正的机制创新就是把传统火车变成动车，老板只需要把握好方向和风险就好了。

——2014 年 12 月 18 日 济南

股权激励的本质不是分老板的股份，而是一起把蛋糕做大从中分蛋糕，也就是用明天的钱激励今天的员工，用利益、用未来引领企业发展、成就每个人。

——2014 年 12 月 26 ～ 27 日 北京

问题本身不是问题，产生问题背后的问题才是真正的问题。解决问题不重要，发现问题或问对问题才重要。

老板有多高，企业就有多高，企业所有的问题，本质上都是老板的问题。

——2014 年 12 月 28 日 郑州

有独立思想的人对陌生的事物通常都会有好奇心，就像小孩看到陌生的东西总想弄个明白一样，而如果是自己不喜欢的，最多是不去理会。

没有独立思想的人对陌生的或者自己不喜欢的事物通常是本能地排斥，不会主动去认识，还有一些人会张嘴就骂，这样的人只接受被灌输过的东西。

——2014 年 12 月 30 日 济南

2015 年度微思考精要

向别人学习不如向自己学习，外人解决不了企业的根本问题，老板的问题还是要靠老板自己解决。

——2015 年 1 月 6 日 郑州

通常，股东仅是一种投钱的心理，但老板是又投钱又投命。

股东碰到了问题或不爽，会把自己和公司分开考虑，实在不行就撤退，但老板不会，公司就是自己的，从来不会把公司和自己割裂，更没有退路可言。

股东多数追求的是分钱，而老板考虑的是怎么给别人分钱。

所以要忘掉股东身份，记住老板身份。

——2015 年 1 月 28 日 济南

找自己喜欢的工作难，喜欢上自己的工作易。

如何让自己喜欢工作，就是多付出，就像父母为什么特别喜欢孩子而孩子没那么喜欢父母一样，因为父母付出多。

如何爱孩子，教育孩子，让孩子有责任感，学会担当？就是要让孩子学会多付出，多吃苦。

切记：母强子弱，帮孩子承担一切是极度自私的爱，除了害孩子外，没有任何好处。

——2015 年 3 月 6 日 淄博

千万不要相信，站在风口上猪都能飞起来，万一风停了怎么办？

靠机会不如靠实力，让自己长上翅膀，有没有风你都能飞。

——2015 年 3 月 14 日　济南

股权激励，想做简单，真做难，让员工相信更难。

表面上看只是实施一种激励措施，其实质却是公司机制从共创、共享、不共担到共创、共享、共担的转变，所以要比想象的难。

——2015 年 3 月 21 ～ 22 日　乌鲁木齐

踏踏实实做好企业，让中国人别再去日本买马桶盖儿、去德国买菜刀。

《中国合伙人》里的一句台词，差点让同学们泪奔："这么多年，每天都很累。"

——2015 年 3 月 25 ～ 26 日　济南

企业成长的目的不是规模的变大，规模只是成长的结果，我们不能把结果当目的。

企业真正的成长是企业能力的提升，而能代表企业能力的是老板的胸怀，老板的高度决定企业的高度，而能代表老板胸怀的则是能不能把自己的股份分给弟兄们。

——2015 年 3 月 28 ～ 29 日　杭州

讲道理和讲道德难且慢，用权力易且快。

所以有了权力的人通常喜欢用权力，时间久了，就会把权力当作自己的能力，再加上身边弟兄拍马屁，夸领导英明、伟大，就会忘了道德和真理（道理），所以权力和能力成反比，也和道德成反比。

——2015 年 3 月 30 ～ 31 日　广州

老板让员工干活，总是先分工（明确岗位、责任），再分权或授权，最后是分钱（进行业绩核算，兑现奖励）。

员工关注的和老板恰恰相反，首先是怎么分钱，然后是怎么分权，至于活儿怎么干，最后再说。

所以老板带领团队要换位思考，活儿是人家干的，就要按照人家的思路来，即管理要以人性为本。

——2015 年 4 月 7 ～ 8 日 威海

认可并宽容人的自私，采用股权激励来统一团队利益，建立利益共同体。

相信并尊重人的良知，通过文化建设来统一员工思想，建立命运共同体。

——2015 年 4 月 12 日 南昌

靠“每个弟兄往前推”的动车出现之后，“要想跑得快，全靠车头带”的火车被淘汰了。传统企业转型要向动车学习，从老板一个人驱动改为靠团队驱动。其实就动力来说，员工要比老板的原始动力大，因为和老板比，员工是穷人而且还年轻。现在的老板之所以很累，是因为自己没事找事，把问题搞复杂了，做企业本来应该很简单。

——2015 年 4 月 15 ～ 16 日 北京

规则说起来容易，做起来难。

要用好规则，首先要知道制定规则的标准，也就是规则的规则，即如何分配权力、谁做决策、如何做决策，对公司来说就是公司的顶层设计。

——2015 年 4 月 18 ～ 19 日 长春

无数小老板为什么累？

因为把焦点放错了位置。

“怎么干”是经理的事，“怎么分”才是老板的事。

小老板研究怎么“干”，大老板研究怎么“分”。

大企业都是通过“分”才做大的，而不是做大了再分。

——2015 年 4 月 24 日　济南

发现问题比解决问题重要，通常能发现问题就能解决问题，俗话说“方法总比困难多”。

问题背后的问题才是真正的问题，管理中最糟糕的事儿就是答案对了，但问题找错了。

问题通常表现在事儿上，实质上却是人的问题，因为事儿是人做的。

人的问题又通常被认为是别人的问题，实质上却是自己的问题，所以有“修身，齐家，治国，平天下”这样的古训。

——2015 年 4 月 27 日　巴厘岛

为自己干的人可以累死，为别人干的人可以闲死。勤劳是为自己干出来的，懒惰是被别人管出来的。

所以，最成功的管理是设计一套让员工为自己干的制度，股权激励就是在企业建立的一种让员工为自己干的激励制度。

——2015 年 4 月 29 日　济南

憋住，是一种智慧！

在日常管理中，碰到问题，老板不要急于给答案，因为你的答案不一定正确，而且时间长了，员工就不愿思考也不会思考了，等于你在培养一帮庸才；聪明的做法是通过发问，找到问题背后的问题，找到问题的根本原因，然后让员工自己去解决。不要一碰到问题就赤膊上阵，充当救火员，把自己累个半死还惹一身骚。

——2015 年 5 月 7 日　郑州

凡是对人尊重的国家，经济就发达，反之经济就很落后。凡是对人尊重的企业，发展就很健康，也很受人尊重，反之就很落后，很短命。

股权是产权的一种（产权是人权的最基本权利之一），股权激励的本质其实就是对人的最基本的一种尊重。自己给自己做，也让别人给自己做，自己当老板，也让别人当老板。

——2015 年 5 月 23 ～ 25 日 南昌

太多的老板，在企业内部，面对员工时，就是一种面对弱者的流氓心态。带着这种流氓心态，想要培养出一个优秀团队，经营好一个企业，难度可想而知。所以中国商业文明的进步是一个非常缓慢的提升过程。什么时候中国老板骨子里没流氓习气了，有规则意识了，什么时候中国企业就有希望了。

——2015 年 5 月 30 ～ 31 日 临沂

习惯了低头拉车的人，往往会不习惯抬头看路，做企业时间长了，往往会习惯于忙具体事务，很难从圈内跳出看圈内，即从战略角度看公司。所以企业发展到一定程度时，最好要有自己的董事会，找一些能人帮企业看路。“你能走多远，要看和谁在一起”，说的也是这个意思。对老板个人发展来讲，要有个属于自己的私董会那就再好不过了。

——2015 年 6 月 6 ～ 7 日 合肥

在商业世界，小就是专注一个细分市场，明确自己的定位，服务有限客户，深度垂直，精耕细作；美就是在细分行业做出差异化的精品，与众不同，满足客户需求，增强客户黏性。

对小企业来说，最好的战略只有一个，就是集中全部的资源、时间和精力，在小产品、小市场上做大文章，做小而美的企业。

——2015 年 6 月 27 日 济南

人是有盲区的，无论多么聪明的人，有长处就有短处，所以无论个人还是企业都应该有自己的私董会或董事会，让能人帮你做决策，学会借用别人的智慧去实现自己的理想。

——2015 年 7 月 1 ～ 2 日　杭州

组织变革的基本方向都是对人性（人权）的尊重，如从专制到民主。企业变革的基本方向也是对人性的尊重，只不过更多的是表现在产权上，如通过独立核算、分权授权、自主经营把经营权转给员工，或通过股权激励把分红权或股权转给员工。

——2015 年 7 月 7 ～ 8 日　大连

老板的高度就是企业的高度，企业的所有问题都是老板的问题，所以老板是企业成长最大的瓶颈。人有盲区，老板很难看到自己的问题，企业通常会原地打转。

你能走多远，要看和谁在一起。和优秀的人在一起，才能走得更远。

2015 年 7 月 18 ～ 19 日　郑州

人的行为是环境的产物。在组织中，环境的建立要通过机制的设计（也可以叫作制度安排）来实现，员工和老板从本质（学历、智商等）上讲，差别不大，但老板的财富要比员工多很多，风险也要大很多。老板没有退路，员工有退路，万一企业死了，老板要跳楼，员工只需跳槽。所以建立一个同富贵、共命运的机制对企业发展和员工培养就显得非常重要，也很紧迫。而合伙人制、股权激励、内部众筹等就是设计、建立这种机制的很好的工具。

——2015 年 8 月 1 ～ 2 日　南昌

对人的理解和尊重决定企业的经营模式：

把员工当作农民工看，要求其对自己工作负责，就会采用计件、计时管理。

把员工当作管理者看，要求其对工作结果负责，就会采用KPI绩效管理。

把员工当作总经理看，要求其对经营结果负责，就会采用独立核算、自主经营。

把员工当作老板看，让其主动对公司全面负责，就会分股份给他们，采用合伙人制。

——2015 年 8 月 6 ～ 7 日 大连

干股只有激励性，没有约束性，所以只能同富贵，不能共患难，但好处是不用修改章程。如果能和绩效挂钩并采用延期支付，还是非常好用的激励模式。

——2015 年 8 月 9 日 济南

创始人一定要对企业有一定的控制权，但控制的目的是为了不控制，否则就是独裁了，而是要建立一套不再依赖于人的体制，这样企业才能长治久安，就像蒋经国用专制结束专制一样。

——2015 年 8 月 13 ～ 14 日 济南

同富贵共患难是一种非常理想的经营模式，在实际运用中需要提前做好设计，如技术股，无论是干股还是实股，通常和实际出资的股东同富贵很容易，共患难却很难。有钱时，大家按照约定比例一起分，但有难时，实际出资的股东有可能什么都没了，而技术股东却几乎没有什么损失，所以对技术股要用限制性股份，提前设置好约束条件。

——2015 年 8 月 25 日 北京

公司的股权结构相当于汽车的底盘，如果股权结构不合理，比如没有大股东、股份高度分散等，就像汽车底盘不结实一样，很容易跑散架，要么公司倒闭，要么创始人被“干掉”。

——2015 年 8 月 29 ～ 30 日 宜春

若以追求财富最大化为目标，当财富积累到一定程度时，幸福感会降低，若继续追求，就会发现付出越多，幸福感走低越厉害，这样的人生没有未来。

若以追求精神富有为目标，比如成就别人，就会发现付出越多，回馈越多，就像作用力与反作用力，这样的人生才有未来、有意义。

若把孩子比作人类生命的延续，那么对企业家来说，企业则是他们精神的延续，人没了，精神还会在，我想这应该是经营企业真正的意义所在吧。

——2015 年 9 月 5 ～ 6 日 安阳

认识别人易，认识自己难。

企业发展到一定程度停滞不前，通常是老板本人限制了企业发展，只是老板很难认识到是自己的不足，反倒会抱怨招不到能人。

私董会通过群体对话，相互照镜子，能让老板认识到自己的不足。

——2015 年 9 月 9 ～ 10 日 北京

人生追求的不是成功，而是成长。

人生追求的不是有钱，而是值钱。

人生追求的不是结果，而是目的。

人生追求的不是有什么，而是是什么。

人生的经书不是在西天，而是在路上。

——2015 年 9 月 19 ～ 20 日 温州

有的人，相信就去做；有的人，看见才相信；有的人，相信也不做；有的人，凡事先去做；有的人，想好再去做。

人和人的成就的差异关键就是做与不做。很多事情，做过才会发现更多的可能性，不做什么也没有。就像学游泳，不下水是学不会的，即便没人教，天天泡在水里，照样能学会游泳。

凡事做就好了。

——2015 年 9 月 29 ～ 30 日 泉州

股权激励不仅仅是工具、方案。太多的老板却简单地把它看作是工具，认为让别人给写个方案就行了，实践中，这样做的效果多数不是很好。

其实股权激励更是一种思维方式的转变和组织的变革，因为在你把股份给了员工后，员工的身份就转变为股东了。管理对象的身份变了，管理方式也要有相应的变化。员工转为股东后，和老板的关系就更像合伙人了，上下级关系就弱化了，所以最起码要给予一定的经营权，另外账务也要有所开放，否则他们还是员工的感觉，股权激励就不会有很好的效果。

——2015 年 10 月 7 ～ 8 日 大连

合作能否长久与对人性的认识息息相关：

如果认为人是自私的、贪婪的，便会理性地认为既然人性如此，大家都是平等的，就会用规则来相处，对双方既是约束也是保护，通常合作会长久。

如果认为人是无私的、利他的、为公的，便会认为自己比别人高尚，高人一等，就会用道德去要求别人，指责别人，甚至是绑架别人，但好人、坏人的标准，不同的人会有不同的标准，坏人也会认为自己是好人，你认为自己是好人，别人却不一定也这样认为，所以会互相猜疑、埋怨、看不上眼，这样的合作通常不会长久。

——2015 年 10 月 10 ～ 11 日 新余

募资仅仅是众筹的开始，众筹之后的治理结构设计才是众筹的重点，这也是很多众筹项目失败的根本原因。

——2015 年 10 月 21 日 济南

答案是问出来的，而不是给出来的。

发现问题是能力，解决问题是责任。

学会发问：

一是要搁置偏见，放空自我，达到无我。

二是不要预设答案，然后去证实答案。

——2015 年 10 月 30 日　台北

层次越高的人，听到真话的机会就越少。

越有成就的人，就越自信，也自负，把“傲慢与偏见”表现得淋漓尽致。

私董会能让老板听到真话，看清自己，反思自我，放下身段，放空自己。

——2015 年 11 月 3～4 日　济南

每一次挑战，都是对人生的认识。

每一次投入，都是对生命的尊重。

每一次体验，都是对人生的理解。

每一次经历，都是给人生的财富。

——2015 年 11 月 25 日　济南

老板和员工之间是天然的博弈。

老板追求利润最大化，员工追求工资最大化，但是工资一高，利润就少，老板和员工成了一对天然矛盾体。

老板总想建立体系，让人人可替代，员工总想要些手段，让自己不可替代。

而股权激励让员工和老板一样也成了股东，老板和员工就变成了利益共同体，根据股份多少共同分利润，成了有福同享、有难同当的搭档。

——2015 年 12 月 5～6 日　北京

欲望不是理想的借口，成功也不是成长的借口。

真正的成熟要能在理想和现实中取得平衡，把理想藏在心中，以头拱地，只求耕耘，把苦楚自己消化，静候花开，无愧人生。

——2015 年 12 月 29 日　上海

2016 年度微思考精要

将军是打仗打出来的。

事业是拼命做出来的。

胸怀是委屈撑出来的。

管理是在实践中做出来的。

——2016 年 1 月 3 ～ 4 日 济南

老板越专制，手下越没人，因为能人不愿意和独裁者相处，反倒是无能的小人喜欢独裁者。中国的民营企业大多都缺人才，关键原因就是老板太喜欢独裁。

——2016 年 1 月 12 ～ 13 日 上海

一个人的成就更多的不是取决于梦想，梦想谁都有，能实现的却不多。我认为更多的是取决于实现梦想的驱动力，而驱动力的大小和梦想的大小无关，主要取决于风险意识，也就是危机意识、生存压力，这是人最原始、最本能的动力，在这方面华为诠释得淋漓尽致。

——2016 年 2 月 11 日 新加坡

雇主时代即将结束，合伙人时代已经来临，合伙人将掌控公司，但是问题来了，风险和收益由谁来承担分享？

在雇主时代，投资人掌控企业并享有最终收益和承担最终风险，在合伙人时代，理应由合伙人享有最终收益和承担最终风险，但法律上还是由投资人来承担，怎么办？

——2016 年 3 月 12 ～ 13 日　南昌

企业的所有问题都是老板的问题，而这些问题多数是由利益分配不公产生的，其实就是分“赃”不均的问题，但是多数老板却认为是理念上的问题。这个问题在当前的合伙人时代会显得尤为突出，因为合伙人之间是平等的，他们会把公平看得更为重要。

——2016 年 3 月 27 日　厦门

做企业和养孩子差不多，孩子越大，越不需要你照顾，只是太多的老板却搞反了，企业越大，自己越忙。

——2016 年 3 月 29 日　德州

彼得 · 德鲁克说，管理中最大的风险就是在错误的基础上给出正确的答案，而私董会就是在帮助老板发现问题背后的问题。通常问题背后的问题才是真正需要解决的问题，而问题本身只是背后的问题演绎的结果。私董会就是一帮老板拿着放大镜、显微镜、照妖镜到企业去帮老板找问题，然后再去找问题背后的问题。

——2016 年 3 月 30 ～ 31 日　德州

企业所有的灾难都是在为老板以前的无知买单。

伟大的企业背后一定有伟大的老板，而伟大的老板一定是位思想家。所以想要做好企业，老板就要有自己的思想，要会独立思考，不要人云亦云，不要盲目跟风、投机，不仅要知道做什么，还要知道为什么、因何而起。如果是这样，经营企业则一定会坦然、自信。

——2016 年 4 月 26 ～ 27 日　郑州

80后已成为社会主流力量，90后也开始踏入社会，如果给他们谈理想，让他们好好工作，特别是90后，他们会告诉你他们的理想就是不上班，所以传统的雇员时代即将消失，合伙人时代即将来临，用好股权则是实现合伙人制的唯一手段。

——2016 年 5 月 28 ～ 29 日　东莞

不知问题因何而起，只就问题谈问题，永远不能解决问题。

——2016 年 6 月 14 日　宁阳

股权激励的本质是激励员工创造业绩，然后和大家一起分增量，所以股权激励不是分老板的股份，是分未来的增量，是用明天的钱激励今天的人。

——2016 年 6 月 15 ～ 16 日　天津

逼着老板前进的动力不是前方的希望，前方也看不到什么希望，而是背后的万丈深渊。

人只有在没有退路的情况下才会全力以赴，而通过股权激励可以让核心人员也没有退路，和老板一起同富贵共患难。

——2016 年 6 月 29 ～ 30 日　济南

把企业做好就是最大的慈善，因为这样可以成就更多员工，为更多客户服务，为社会创造更多财富。

经营企业要追求效率，激励优秀员工，淘汰落后员工，而不是去追求所谓的稳定、和谐、感恩、忠诚等理念和家文化。

——2016 年 7 月 2 ～ 3 日　西安

没有退路才会全力以赴。

创业没有退路，最终成就了老板。

打工有太多选择，始终还是打工。

通过股权激励让员工没有退路，和老板一起同富贵共患难，不是坑害员工，而是成就员工。

——2016 年 7 月 9 日　青岛

一个人能走多远，要看和谁在一起。

我带的江西财智股权私董会经过一年的学习后毕业了。在毕业分享会上，老板们的分享验证了他们在教练的带领下进行自我反思和横向学习确实是一种非常有效的学习方式，他们取得的成果远远超出了我的预期。所以我认为每一个老板都该有一个自己的私董会，让一群优秀的人陪你前行。

——2016 年 7 月 16 ～ 17 日　南昌

每一个老板都要有自己的私董会，和优秀的人在一起会让人生少走弯路。我不但做了几家私董会（包括股权私董会）的教练，陪同几十位企业家成长，而且自己也加入了一个圈内私董会，让优秀的同行陪我成长。

企业发展和老板的学历、经验、年龄、阅历、出身并不成正比，但是和股东的人数成正比，也就是说老板越分股份，企业发展越大。因为老板越分股份，核心团队才越能和老板同富贵，共患难。

——2016 年 7 月 18 日　北京

开放是企业发展的趋势。万事万物都是一个从封闭到开放的过程；人的成熟也是一个从热衷名、利、权到逐渐看淡看轻并愿意和大家分享的过程。

企业的发展也是一个逐渐开放的过程，先是因为忙不过来，需要外人帮忙，所以开放了经营权，后来因为不分股份留不住人，所以开放了产权，再后来连控制权都可以开放，创始人只保留监督权就可以，企业越开放，活力越大。

只是能看明白并能做到的老板不多，所以多数企业不能善始善终。

——2016 年 8 月 4 日　东营

无论是募股、股权认购还是股权众筹、股权激励，任何一种融资模式，其本质都是创业者把自己前半辈子累积的无形资产转换为有形资产的过程，从而达到用别人的钱甚至别人的能力做自己的事的结果。

——2016 年 8 月 5 日 青岛

要达到激励人的目的，需要把激励目的和激励工具相匹配。如果要提高积极性，就用提成和奖金，如果要提高稳定性，就用工资和福利，但这些也都是短期激励，如果想要让大家看到未来，有归属感和安全感，最好的方法就是用长期激励，也就是股权激励。比如上市公司基本上都做到了对核心人员进行股权激励。

——2016 年 8 月 6 ～ 7 日 深圳

企业的核心竞争力是人才，想要人尽其才则要依赖于良好的管理机制。管理机制中最重要的是分配机制，要做好分配机制。对于分配，基层看重的是工资和奖励，高层看重的则是股权激励。

——2016 年 8 月 16 ～ 17 日 东莞

不要指责别人自私，除非你能保证你自己不自私。不要要求别人道德，除非你能保证你自己很道德。

所以要洞悉人性，承认人性中的自私，宽容别人自私，用规则和人相处，用道德约束自己，即“严于律己，宽以待人”。

——2016 年 8 月 20 ～ 21 日 长春

越具体的越伟大，能落地的才是真的。比如把股份分给员工、把土地分给农民等。

——2016 年 8 月 29 日 南京

帮不帮是你的事儿，感不感恩是别人的事儿。帮了别人，还指望别人感恩，说明你动机不纯，通常不会有你希望的结果。

借不借是你的事儿，还不还是别人的事儿。所以要借钱给别人时，就要假定对方不还或者还不上。

如果因别人借钱没还导致你生活困难或企业倒闭，说明你对自己不负责任或者太看重面子，责任比面子重要，连自己都照顾不好还去照顾别人，倒霉也是自找的。

——2016 年 9 月 21 日　萍乡

人通常习惯看自己的优点、看别人的缺点，所以常会夸大自己的优点，甚至通过贬低别人夸大自己。因此在两人合作时，最好不要股份平分。股份平分极易陷入都想说了算又都说了不算的内耗中，让公司大伤元气甚至死掉。

夫妻共同创业是天然的股权平分结构，是企业发展道路上的一个极度不稳定因素，更要慎重，需要理性对待感情和事业的区隔。

——2016 年 9 月 24 ～ 25 日　杭州

人都是有私心的，同时又是理性的。

如果信息对称，人就会在考虑自己利益的同时也考虑别人的利益，只有这样他的利益才会长久、最大化，这就是双赢，利己而又利他。反之，人就会只考虑自己的利益而不顾别人的利益或者损害别人的利益，这就是损人利己。

所以人与人相处或者管理一个组织甚至管理一个国家，最好少讲道德、感情，因为这些东西没有标准，很难信息对称，最好多讲规则，建立制度，并让制度透明，让信息对称。

——2016 年 10 月 14—15 日　东莞

管理越简单越好，最好的管理是不管。

管理不是目的，是实现目的的手段。

——2016 年 10 月 19 日 日本

有恒产者有恒心，有担当。无恒产者无恒心，无担当。

在企业里老板是有产者，所有责任和风险都由他承担，并以自己的资产抵押。

在企业里员工是无产者，说是要尽职尽责，其实是很难承担责任的，因为他没有资产抵押，责任（风险）还是老板的。所以老板和员工通常只能同富贵不能共患难。

——2016 年 10 月 22 ～ 23 日 郑州

几个人合伙创业，通常老大和老二容易产生矛盾，老二要想“干掉”老大一般会事先联合老三，就像三国时期孙权和刘备联合打曹操一样。如果老大的股份小于老二加上老三的股份，一旦产生矛盾就很容易被“干掉”，比如乔布斯、胡志标、吴长江等，所以最安全的做法就是老大的股份要比老二加上老三的股份多。这样做看上去是在保护老大，实际上是在保护公司，因为对公司来说，最值钱的是创始人，他是一个公司的灵魂。

——2016 年 10 月 28 日 杭州

越优秀的人往往缺点也越突出。

老板很难看到自己的缺点，别人即便是看到了，一般也不敢说、不愿说、不会说。但是在私董会里却能让老板很清楚地看到自己的短板，即使自己看不到也会有人直接告诉他。

泰山私董会001组经过一年的运营，不但做到了这些并学会改进，而且开始有老板担任其他老板的公司顾问，用自己的亲身经历和智慧去为对方服务。

——2016 年 10 月 29 ～ 30 日 济南

每一次尝试背后都是痛苦；

每一次痛苦都伴随着成长；

每一次成长都让我更坦然。

——2016 年 12 月 15 日　长春

和内部员工分享股权，让每一个人都给自己干，建立命运共同体，推动组织转型。和业务伙伴共享股权，建立共创、共享、共赢的生态系统，推动商业模式落地。

——2016 年 12 月 17 日　青岛

不能用情怀扭曲人性；

不能用人性否定人品。

情怀和人性没有关系；

人性和人品也没关系。

——2016 年 12 月 24～25 日　合肥

2017年度微思考精要

权力只对权力的来源负责。

总经理如果是老板任命的，就只会对老板负责，万一老板不在了，就只会对自己负责（把企业据为己有），老板这辈子算是白忙活一场。

总经理如果是董事会任命的，就只会对董事会负责，和老板在不在没关系，这样就把企业的未来从依赖于一个人转移到了依赖于一个团队，老板安全，企业也安全。

——2017 年 1 月 15 日 青岛

公司里并不存在“感恩”一说：

公司感恩员工，说明公司给员工少了，公司欠员工的；也说明公司绩效评估有问题，管理混乱，员工一定流失很多。

员工感恩公司，说明公司给员工多了，员工欠公司的；也说明公司只有平等没有公平，管理欠妥，能人一定流失很多。

有个老板不服气，春节给员工发了好几万的红包，却发现有几个员工连朋友圈都不对他开放……

公司（老板）和员工本质上就是一种契约关系，遵守契约、履行契约是应该的，谁欠谁、谁还谁都是不应该的，谁对谁好，谁对谁不好，也都只是一厢情愿。

但是这并不意味着员工可以目无领导，老板可以颐指气使，因为契约本身就蕴含着相互尊重。

——2017 年 1 月 30 日 吉隆坡

股权的所有运用方式，如股权激励、认购、众筹等，都是把自己的无形资产转化为有形资产的过程，通过用别人的钱，留住别人的心，从而实现共创、共享、共担，让创业不再困难，不再孤单。

——2017 年 3 月 8 ～ 9 日 东莞

个人利益和组织利益的冲突、近期利益和远期利益的冲突是管理中遇到的最根本、最底层的问题，这些问题是没法用文化和理念来解决的。要想解决这些问题，统一大家的思想，最好的方法是先统一利益。利益统一了，思想就很容易统一，文化也容易建设了。股权激励是统一利益有效的方法之一。

——2017 年 3 月 11 ～ 12 日 东莞

员工最开心的事情就是老板出差了。

员工最失望的事情就是老板回来了。

因为利益不一致，员工是在为别人工作，通常就会应付，如果用股权激励统一了利益，员工就会像老板一样去思考、去监督、去行动。

——2017 年 3 月 15 日 济南

每一个懦弱的儿子背后一定有一个强悍的母亲。

每一伙无能的团队背后一定有一个自认为超能的老板。

母强子弱，大树底下一定是小树和灌木。该放权时就要放权，真正的爱护是放手。

——2017 年 3 月 18 日 菏泽

有些人定下目标后，面对问题总是不停地找方法，最终实现目标。

多数人定下目标后，面对问题多是不停地换目标，最终一事无成。

多数人的思维习惯是：你告诉他新的目标，他会本能地告诉你不能实现，要改目标。

——2017 年 3 月 21 日 济南

几乎所有的职业都可以享受鼎盛期所带来的名利和光环，如医生、科学家、官员等，但老板这个职业不一样，在他们百年之前，他们所创立的企业90%以上都会死掉或者辉煌不再，最终只能面对失败的结局，任人评论，独享凄凉。

——2017 年 3 月 29 ～ 30 日 上海

股权融资的目的是用股份换钱，引进资金，比如上市、引进投资等；

股权激励的目的是用股份换人（心），创造业绩，比如内部众筹、股权认购等；

总之，股权的作用就是用别人的钱和心干自己的事，而且别人还心甘情愿，因为这同时也是给了别人梦想。

——2017 年 4 月 8 ～ 9 日 济南

人人都能做决策等于没决策，所以合伙开公司，要成立董事会，建立一种精英管理、全员监督并能相互制衡的治理结构，才能确保各方利益最大化。

——2017 年 4 月 18 日 德州

权力可以转化为利益，有多大的权力就有多大的利益。

有责任也该有对应的风险，能承担起多大的风险才能承担起多大的责任。如果高管承担的风险小，其所能承担的责任也不可能大，老板、合伙人承担的风险大，其所承担的责任则也一定大。

所以权力和利益对等，风险和责任也要对等，但是管理中通常所说的责权利少了风险的担保，会造成责权利实际上的不对等。所以，对不能承担风险的人不能给予太大的权力，因为他不能承担对应的责任。

——2017 年 4 月 23 日　济南

老板喜欢干员工的活儿，一是因为路径依赖，二是因为成长是痛苦的，不想成长。

员工喜欢干老板的活儿，一是因为好高骛远，二是因为脚踏实地干活儿成长太慢、太累。

这就导致公司管理混乱、人浮于事、老板累死、员工闲死、公司等死。

——2017 年 4 月 26 日　济南

公司到了一定规模，老板要把一部分精力放在关注未来上面，就像开车，越看方向盘，车越开不好，越看远方，车开得越好。

——2017 年 5 月 1 日　吉隆坡

年龄和智慧关系不大，年龄越大的人可能会越糊涂，但糊涂的人又往往认为自己很明白，所以老板最好在年轻时就设计好权力的交接体系，不然等自己老了，越来越多疑，更找不到可以信任的人。

——2017 年 5 月 6 ～ 7 日　吉隆坡

抢劫如果发生在公交车上，无论歹徒是否持械，大多数乘客会选择旁观、躲避、逃跑，少有人会主动制服歹徒。如果发生在飞机上，比如劫机，乘客多会自发的、齐心协力甚至是孤注一掷的去搏斗，共同制服歹徒。这说明人的行为更多的时候与面临的风险（利益）正相关，风险（利益）越大，行为的主动性越大。就像老板和员工，面对同样的问题，老板会本能地去找方法，而员工却本能地去找借口。

——2017 年 5 月 16 日　莱芜

公有是虚拟的人人都有，等于人人都没有，最终为一己所有。

私有是真实的人人都有，只是多和少的区别，但是人人可安居乐业，是最大的公有。

财产只会往被保护的地方流，人才只会往被尊重的地方去。

——2017 年 5 月 20 ～ 21 日 北京

国家法律更多是为了约束当权者，让人民安居乐业，而非以权代法，践踏法律，欺压人民。

公司制度更多是为了约束管理者，让员工感到公平、公正和安全，防止管理者朝三暮四，感情用事。

制度建设要以尊重生命、尊重人性为原则，让生命得到敬畏，让人格有尊严。

——2017 年 5 月 23 日 苏州

先统一利益，再统一人心。

先建分配机制，再建管理制度。

利益一致了，分配公平了，再做其他管理工作就简单了。

——2017 年 5 月 26 日 义乌

股权激励是用股份换业绩（对内）。

股权融资是用股份换资金（对外）。

股权众筹既可以用股份换资金也可以换业绩。

股权私募是私下股权融资。

股权公募是公开股权融资（上市）。

——2017 年 6 月 3 ～ 4 日 重庆

患难与共，是个难题。

合伙人：合伙打下天下后，功臣会被“兔死狗烹”，多数结局是只能共患难，不能同富贵；

夫妻："大公司容不下夫妻情"，夫妻创业，多数结局也是只能共患难，不能同富贵；

老板：赚不赚钱都要发工资，有难时却只有一个人扛，结局刚好颠倒过来，是只能同富贵，不能共患难。

无论如何，这都不是合伙创业想要的，真正的合伙创业是要既能同富贵又能共患难的。要达到这个目的，是需要提前认真筹划的。

——2017 年 6 月 7 ～ 8 日　东莞

1978年之后只是把土地的经营权承包给农民，农民的积极性就得到极大提高，每个人都给自己干，当年粮食就吃不完了。

同样的道理，老板经营企业，也不用讲太多大道理，只要把企业的经营权（股权的一种权利）有序地分权给员工，员工就会积极拼命地干活，人人都是总经理，管理也就变得简单了。

——2017 年 6 月 17 ～ 18 日　义乌

没有退路才会全力以赴。

老板创业，赌上的是全部家当，才有了自己的一片天地。

合伙创业，也要一起出钱出力，断掉退路。

股权激励，是要把优秀员工变成合伙人，所以需要花钱买股份，就像古时候入伙的投名状，一是表明态度，二是不给自己留后路。

——2017 年 7 月 1 ～ 2 日　吉隆坡

信任的前提是双方未来的利益是可以预期的。

有效沟通和合作的前提是双方找到了利益的一致点。

管理团队的前提是让大家不仅相信利益是一致的，而且相信未来的利益也是可以预期的。

在企业内部实现上述目标的最好方法就是让更多的人拥有股份。

——2017 年 7 月 20 日　济南

太多的人取得所谓的成功之后，就会想方设法去证实自己的想法是对的，排斥异议，然后就开始了自我封闭，再然后就是偏见、傲慢……

而真正该做的是去反思，看看哪些是靠运气，哪些可以去完善，还有哪些可能性。

要秉持没有成功只有成长的理念，换个角度去认知，并要不停地提高自己的认知。

——2017 年 7 月 22 ～ 23 日 南昌

管理的本质是管人，管人就要了解人性，即“以人为本”，但要把“以人为本”落地，则需要尊重人权，如根据人性的自私、不喜欢被约束等建立自组织，或者运用股权激励，尊重员工的经营权和财产权，让每个人都给自己干。

——2017 年 7 月 25 日 青岛

决策强调的是民主，成员间越平等，研讨得就越充分，决策质量就越高，当然成本也越大，效率越低。

执行强调的是效率，成员间要有明显的上下级关系，理解不理解都要执行，当然会有专制的成分。

高质量的决策会容易执行，所以决策成本和执行效率成正比，即决策成本越高，执行效率就越高。

太多的老板由于习惯所致，很容易把执行（经营）会议和决策（董事会会议等）会议搞混，认为真正的决策会议效率太低，结果很容易把决策会议给搞成了执行会议，慢慢就会形成专制、独裁氛围。

——2017 年 7 月 28 ～ 29 日 青岛

老板作为付费客户有天然的强势，作为商家的咨询、培训机构通常会迎合老板的心理去找别人的问题（如团队执行力等），很难去发现并告诉老板自身存在的问题，甚至有意回避。然而老板的天花板就是企业的天花板，如果不去指出老板的问题并协助其改变、提高，企业是很难有根本性的改变的。

——2017 年 8 月 3 日　西安

自古有不要让“小人得志，穷人乍富”的说法。

小人物成长需要更长更严的历练过程，而且小人物通常特看重权力并且喜欢炫耀，所以在企业内部对小人物不要提拔得过快，不然等他们能力有所不及时，你根本没法办，用吧不好用，不用吧造成的后果不堪设想。

——2017 年 8 月 5 ~ 6 日　长沙

合伙创业，如果过多地讲兄弟情义、江湖道义，会让大家陷入非常尴尬的境地，因为感情、道德没有标准，而且会随时间、环境而变化，时间长了，人人都会认为自己付出的多，得到的少，吃了大亏，很难避免产生矛盾，结果可能就是相互拆台、僵持、内耗、分崩离析，不但合伙不成，连朋友也做不成。

所以合伙要少讲情义，多讲规则，如果规则不完善或者情况有变化，可以修改规则、完善规则，付出多少就能得到多少，人人公平，才能没有矛盾，合作长久。

——2017 年 8 月 9 ~ 10 日　义乌

为什么员工和老板心很难齐?

为什么一条船上的人心最齐?

比通过利益统一人心更有效的是通过风险统一人心。

——2017 年 8 月 19 日　南京

财富（产权）是尊严的前提，也是信任的基础，比如企业招财务人员大多都喜欢招聘本地的，因为有房产。股权（产权）也是最好的激励工具，能让每个人都给自己做。

——2017 年 9 月 14 日　重庆

企业度过了生存期，老板就应该把更多的精力放在未来上，也就是企业战略。但现实中更多的老板还是习惯关注现在，做总经理的活儿，总经理做员工的活儿，员工没事干，就干老板的活儿，喜欢私下议论公司的发展方向，更有甚者会给老板写信告诉老板公司该如何发展。

——2017 年 9 月 23 ～ 24 日 南昌

管理就是让所有成员现在的利益是一致的，未来的利益是可预期的。

只做到了前者只能说是团伙，两者都做到了才是团队，都没做到就是一群乌合之众。

——2017 年 10 月 7 ～ 8 日 吉隆坡

代价大小决定行为方式：

对上级和气，对下级粗暴，是因为对上级不好风险大，对下级不好风险小。

对外人宽容，对家人挑剔，是因为家人不会跟你真计较，你不用担心后果，而外人会真计较。

对生人客气，对熟人随意，是因为生人不了解你，你害怕被误解，而熟人了解你，不会误解。

对别人严格，对自己宽松，是因为对别人严格，自己受益多。

——2017 年 10 月 14 ～ 15 日 东莞

效率和公平正义成正比。

越是公平和尊重人性的地方，其资源利用效率就越高。

财产私有制，看似在满足人的私欲，实际上却让人本能地去最大化地利用资源，没有浪费，并且凸显其背后的人性化、个性化、多元化……

——2017 年 10 月 24 日 德国行有感 1

比规模更重要的是坚守和传承，而我们太多企业却在追求规模中丢掉了坚守，更谈不上传承。2017年10月24日上午参访了德国古德手工刀具公司，接待我们的是其第四代传人伯恩先生。

这家企业规模不大，年销售额相当于一千多万人民币，硬件设施非常普通，却发展了一百多年……工人按照工时考核，但是培养一个工人却需要五年……

——2017 年 10 月 24 日　德国行有感 2

企业的生命力并不取决于企业的大小，而是要根据产品的特性和受众去调整和丰富自己的战略，传承的是精神和文化，开拓的是市场和创新空间。昨天下午参访的是1872年创办的、目前是第五代传承人的企业——威乐水泵，年销售额达百亿人民币。

——2017 年 10 月 25 日　德国行有感 3

今天上午参访传承八代、有266年历史的唯宝瓷器，这家公司是欧洲最大的卫浴公司，其办公楼有300多年历史，从第四代开始因收购另一家公司由两个家族共同管理，管理人员几乎都是由家族成员担任……如果不是亲眼看见，是很难相信的。

——2017 年 10 月 25 日　德国行有感 4

这一次参访的几家百年企业，年销售额有一千多万的，也有上百亿规模的，无论大小，骨子里都透着从容、自信、坦然，不知道我们的企业何时也能这样……

——2017 年 10 月 25 日　德国行有感 5

我们的老板都认为自己是在做企业，可是以财富为目标导向真的是做企业吗？所有为挣钱做事的都不叫做企业，那叫做生意。但是怎么才能真正为做事而做事，不为挣钱而做事？在当今浮躁的环境下，的确是个巨大的挑战。但是德国却有太多的企业做到了，值得深思。

所谓的品牌源于战略，战略需要定位，而定位最好的模式是开创一个品类，在技术上有创新。我们参访的这几家企业，都在技术上有突破，真正有自己的技术。那么比技术还重要的是什么？是融入了感情，是员工都能发自内心地去工作。

我们在看问题的时候要尽可能把尺度拉开，把自己的位置放高，只有这样才能看到问题背后的问题。

——2017 年 10 月 26 日 德国行有感 6

一个国家不乱折腾，自然就会有发展。

一个城市不乱拆迁，自然就会有沉淀。

一个公司不乱发展，自然就会有管理。

一个员工不乱跳槽，自然就会有成长。

今天参观德国吉满造纸公司，其中的一条生产线用了130多年，如此低的设备投入成本怎么能没有利润？更何况其产品以环保和质量著称可以卖得很贵。

——2017 年 10 月 27 日 德国行有感 7

德国以工业立国是基于其资源匮乏，还有一个重要因素是其政策导向，比如：如果以个人名义把财产留给后代要缴纳50%的遗产税，而以公司名义把财产留给后代只需缴纳3%的遗产税，所以德国的家族企业很多，而且寿命也很长，200年以上的公司有880多家。

——2017 年 10 月 28 日 德国行有感 8

我们都会说喜欢和优秀的人在一起，其实只是说说而已，骨子里却是不愿意的，但是，和优秀的人在一起会有压力，和比自己差的人在一起却很快乐。

人的本能是逃逸痛苦寻找快乐，而成长却和痛苦成正比，所以成长说起来容易做起来很难，也就很珍贵。

——2017 年 11 月 4 ～ 5 日 南京

优秀的人干的多错的也多，很容易被小人物说三道四、抓住把柄；优秀的人又通常带着“傲慢与偏见”，人缘肯定不好，所谓的和蔼可亲只是一种素养。所以优秀的人创业做老板一定要控股（不优秀也做不了老板），不然很容易被干掉，比如乔布斯。

——2017 年 11 月 11 ～ 12 日 合肥

管理就是要理顺怎么干活、怎么分钱的问题，但是活好干，钱难分。

把钱分好的关键是让大家眼前的利益一致、未来的利益可预期。比如打扑克，为什么憋着尿也要打？因为每次（局）结束后输家都会及时“进贡”，不拖延，而且无论输得有多惨，下次摸牌时机会还是均等的，所以人人都对未来充满信心。

但是现实中多数企业却做不到，一是财务不透明，大家总会认为自己拿的少；二是未来都是老板的，员工看不到未来。

——2017 年 11 月 14 日 青岛

为什么老板和员工的心难齐？

为什么一条船上的人心最齐？

为什么上山入伙要有投名状？

人的行为和利益有关，和风险关系更大。利益一致只能同富贵，而风险一致才能共患难。

通过风险统一人心比通过利益统一人心更有效。

昨天一天分别研讨了浙江双童吸管（世界级隐形冠军）和鼎好集团的股权激励方案，帮助他们为新的一年做规划。

——2017 年 12 月 17 日 济南

老板在做主业不赚钱或赚钱慢时，通常沉不住气或者抵挡不住诱惑，会再去做个挣快钱的副业，并且当生意做。

经营主业相当于养儿子，而经营副业则相当于养猪。

老板只要一有副业，就会把主要精力放在副业上而忘了主业，这就相当于只照顾猪而不照顾儿子，到头来即便是养猪赚了点小钱，却把儿子的成长给耽误了，实际上是得不偿失的。

——2017 年 12 月 29 ～ 30 日 青岛

2018 年度微思考精要

管理的重点是“理”，而不是“管”。“管”是用权力，“理”是用规则。

用权力分配利益，主动权不在员工手里，员工就会认为不公平，有不安全感。

用规则分配利益，只要分配规则清晰，每个人都能计算出自己每月拿多少，年底拿多少，管理就会变得非常简单，也就是眼前的利益是一致的，未来的利益是可预期的。在泰山管理学院我就是这么做的，也是这么要求的。

——2018 年 1 月 3 ～ 4 日 吉隆坡

每一个人都活在自己的想象边界之内，但认知、贫穷、经验、能力都会限制一个人的想象力，所以，每个人都活在自己给自己圈定的范围里，不能跨越和突破。

想要跨越和突破，就要提高认知能力，提高想象力，最好的办法就是多读书、多做事、多认识新朋友、多去外面的世界看一看。

——2018 年 1 月 13 ～ 14 日 南昌

所谓实用的技术，都是依靠过去的经验得来的，只知道怎么做而不知道为什么，看似有用却是过去的知识，没法带领团队应对未来，所以经验越丰富、年龄越大的老板带领企业转型越困难，经验成了负担。

——2018 年 1 月 16 ～ 17 日 青岛

掌握基本原理，看透底层逻辑，不仅能应对不确定的未来，还能创造出想象不到的业绩，也会让管理变得更加简单。

这两天带领泰山私董会参访董事企业——真得利超市，并一起研讨了其发展战略。

真得利超市门店采用了竞标竞岗的合伙人制，人人都给自己干，管理极其简单，月度考核都不需要用到销售和利润指标，目前已经发展到了90多家门店，并且每年以30%的速度在增长……

——2018 年 1 月 19 ～ 20 日 济宁

听课不是为了求证，证明自己是对的，也不是为了存异求同，而是要存同求异。

越是自己不喜欢听的、不了解的知识，越是自己所欠缺的、需要学习的知识。

——2019 年 1 月 26 日 济南

亨利 · 明茨伯格说：“伟大的组织一旦创造起来了，就不再需要伟大的领导。”通过股权机制的设计就可以创造这样的组织，让人人都给自己做，责任和风险自己承担，企业就可以自动运行了。

——2018 年 1 月 27 ～ 28 日 南昌

今天的痛苦都是在弥补昨天的错误。

太多老板经营企业，企业成长了，自己却没成长，还是按照经营小企业的方式去经营，结果问题越积越多，而船大难调头，调整起来也就越来越困难，时间久了，企业也就难继续有长足的发展。所以老板要跟上企业的成长，不要成为企业的天花板。

——2018 年 1 月 29 日 吉隆坡

传统企业和我们思想意识里的传统、落后没有任何关系，传统企业其实是能生产和民生更相关的刚需产品的企业，其生命力比所谓的现代企业会更顽强，更接地气，只是要求经营者的思维不能再和过去一样，而是要考虑如何“由重做轻”，把企业做成平台，做成生态。

——2018 年 2 月 1 日　吉隆坡

战略是踏踏实实做出来的，不是拍脑袋制定出来的。

确定战略是老板的头等大事，要经常做并且经常调整。

虽然战略不是制定出来的，但是还要去制定。这样做一是为了合理配置资源，二是为了随时调整发展方向，只是这种制定是基于内外部各种数据分析而做的。

——2018 年 2 月 6 日　吉隆坡

战略与组织能力是企业发展最为关键的因素，战略是方向，保证企业确定正确的目标，而组织能力则是确保实现目标的基础。

用合伙人制建立自下而上、无边界、无中心的自驱动组织则是构建现代化组织的趋势。

——2018 年 2 月 7 日　吉隆坡

民不聊生，官员舒服；官不聊生，客户舒服；所以企业一定要构建“官不聊生”的组织体系。

——2018 年 2 月 10 日　亚庇

工资再高也是打工的，股份再少也是合伙人。

绩效考核让人被动工作，股权激励让人主动工作。

工资只会让人关注自己，股份可以让人关注全局。

——2018 年 2 月 14 日　古晋

奖金有多少、怎么分，老板说了算；

股份分多少（即便是干股），章程或协议说了算；

员工通常相信自己能算得清的或者未来可预期的。

——2018 年 2 月 24 日　吉隆坡

老板没有退路，只能找方法，找不到方法只能跳楼，所以老板最终成了老板。也就是说没有退路才是最好的出路，才会全力以赴。

员工有太多选择，总会找借口，实在不行还可以跳槽，所以员工始终是员工。也就是说有太多选择就不容易坚持，最终没了选择。

老板和员工本没有多大差距，只不过一个没给自己留退路，一个给自己留了太多退路，这是最根本的差别。

——2018 年 3 月 4 日　吉隆坡

想要激活组织，需要知道几个关键点：用市场配置资源；用竞争激发活力；用激励提高绩效；用约束控制风险。

——2018 年 3 月 13 日　义乌

分析问题要学会找关键：

一要找“因”，不要找“果”。比如企业缺钱是“果”，经营不善是“因”；企业缺人是“果”，缺留人的土壤是“因”。

二要找“共性”，不要找“个性”。企业出现问题，不要用自己的行业、区域和发展阶段不同去找借口。商业上99%的问题都是共性的问题，商业的本质都是一样的，不然也不会有“管理”这门学科。

——2018 年 3 月 24 ～ 25 日　赣州

经过这么多年，我越来越发现自己远远低估了老板的学习热情，远远高估了老板的落地能力；远远低估了企业的发展速度，远远高估了企业的管理水平。

——2018 年 4 月 8 日　北京

一个优秀的合伙团队的标准是这样的：有能力（愿意出钱，不留退路），有心态（愿意专职，全力以赴），有领导（有大股东，有主心骨），有信任（有共同的价值观和理想），有差异（彼此欣赏，能力互补）。

——2018 年 4 月 14 日　泰安

最好的管理是没有管理，最好的战略是没有战略，最好的模式是没有模式，用好股权可以让企业无为而治。

——2018 年 4 月 17 日　济南

古代，出征打仗的有军师，当皇帝的有帝师，做官、做企业的有师爷。现在，做企业的却是靠老板一个人，不知是老板厉害了，还是文化断层了。

——2018 年 4 月 21 ～ 22 日　北京

一个人会死去，一个企业也会，但是一个城市却很难消亡，因为一个城市就是一个生态系统。所以，一个企业想要永续经营，就要在企业发展到一定程度时去搭建内部创业平台和外部创业平台，逐渐建立起自己的商业生态系统，从而让自己的事业永续传承下去。

——2018 年 5 月 5 ～ 6 日　吉隆坡

对事物的本质与原理的认识和理解相当于手机的操作系统，各种应用的工具和方法相当于手机上的App。如果一个人的操作系统版本太低，学习再多的方法也是没有用的，根本没法落地，因为系统不兼容，承载不了，所以学习不要只是功利地去关注方法，比方法更重要的是原理。

——2018 年 5 月 12 ～ 13 日　东莞

优秀的人长板更长，短板也更短，创业就要找其他优秀的人补其短板，彼此互补，相互欣赏，形成团队。没有完美的人，但可以有完美的团队。

——2018 年 5 月 15 日 义乌

听到的都只是自己想听到的，相信的都只是自己愿意相信的。人都只是活在自己的认知世界里，层次越低，人越固执、越封闭。所以，人通常都是自己认知的奴隶，改变一个人是很难的，除非先改变了他的认知。

——2018 年 7 月 14 日 济南

这是个急剧变化的时代，很多人还没搞明白就去跟风、盲从，比如O2O、互联网+、区块链等，结果只是疲于奔命，却没有收获。所谓“唯一不变的就是变”的说法是忽悠人的，如果真是这样，学习就变得毫无意义了。

变化仅仅是表象，变化背后的规律和趋势才是我们要去学习的，如朝代、经济、产业、产品周期等，弄明白了这些，做起事来就会坦然、淡定很多，而追表象却永远追赶不上。

规律和趋势的底层是永远不变的真理，如经济学和管理学原理，还有人性、人权、人类普遍认同的价值等。知道了这些，人生则会自信、从容。

——2018 年 7 月 19 日 上海

管理就是管预期。如果想提高沟通效率、增加彼此信任、加强团队建设，就要提高员工对公司未来的预期。反之，如果想让某人离开公司、让某股东退股等，就要降低其对公司未来的预期。

——2018 年 8 月 25 日 徐州

单单统一利益只能做到同富贵，做不到共患难，不管工资、奖金多高都会各怀心思。

统一了风险才能做到共患难，如同坐在一条船上谁都不想翻船一样。

用好股权不仅能统一利益而且能统一风险，也就统一了人心。

——2018 年 8 月 30 日　深圳

股权激励就是员工用业绩换股份，老板用股份换业绩，一起分享利益，一起承担风险，一起创造未来。

——2018 年 9 月 4 日　杭州

未来让人迷茫，成长让人心安，应对未来的不确定，唯有行动让人坦然。

——2018 年 9 月 13 ～ 16 日　南京

你说你见过了太多奇迹，我说我见过了太多周期，那无尽的旅程如此漫长，真是去留两难，来往皆苦，只能在岁月中反复煎熬，在天地间流浪着。

——2018 年 9 月 23 日　济南

不想只看到社会的繁荣，更愿意窥见历史的轮回。不想只在乎眼前的幸福，更愿意在意人类的宿命。

不愿意用青春去赌明天，也不想用生命去赌历史。不愿意找借口苟且生活，更愿意寻找尊严是何物。

——2018 年 9 月 26 日　济南

人没有思想就会人云亦云，老板没有思想就会随波逐流，民族没有思想就只会重复过去。所以，人会觉得自己怀才不遇，老板觉得自己生不逢时，民族觉得自己灾难深重。

——2018 年 9 月 28 日　济南

一个公民如果能够用规则保护或争取自己的利益，说明那是一个文明的、不流氓的国家。

一个员工如果能够用规则保护或争取自己的利益，说明那是一个规范的、非人治的企业。

一个人与人相处，如果能够用规则保护或争取自己的利益，那是君子，如果用道德或兄弟情义绑架对方，那是小人。

规则让人理性，理性让人思考背后的逻辑，而逻辑是形成独立人格的前提。

——2018 年 9 月 28 ～ 29 日 聊城

多讲规则，少讲规矩。规矩是强者给弱者制定的，因人而异，等级分明，通常自己不遵守，而让别人遵守。规则是大家协商后制定的，大家共同遵守，一视同仁，相互监督，人人平等。文明其实就是规则逐渐取代规矩的过程。

——2018 年 10 月 1 日 吉隆坡

生意好做，伙计难搭，其关键原因就是几个合伙人的责、权、利分配出了问题，而这背后的根本原因则是股权结构设计不合理，所以合伙创业成功的基础就是要先分好股份。

根基对了，剩下的只是发展快慢的问题，但再慢也不至于前功尽弃。

——2018 年 10 月 3 日 马来西亚

没有经济上的独立，就缺少自尊。

没有思考上的独立，就缺少自主。

没有人格上的独立，就缺少自信。

——2018 年 10 月 24 日 无锡

多讲人性，少讲人情。

多讲规则，少讲道德。

——2018 年 11 月 26 日 济南

知识是靠记忆得来的，能力是靠练习得来的，上课只能学得知识，实践才能创造业绩。

——2018 年 12 月 1 日 济南

股权激励把一个人的企业变成一群人的企业，把给别人干变成给自己干，把共享利益变成共担风险，把雇佣关系变成合伙关系。

——2018 年 12 月 19 日 义乌

创业难，守业更难。

今天的“果”，是昨天的“因”造成的。

凡事想明白再做，总比错了再改代价小。

几乎所有的管理都是基于人性的假设，如果假设错了，结果往往会出乎意料的糟糕。

——2018 年 12 月 25 日 临沂

2019 年度微思考精要

在利益面前，人是最不可靠的，在这个方面受过伤害的人更有刻骨的教训。

但是说着容易，真正明白并不再受伤害很难。人还是本能地相信身边的人，包括自己，到最后发现还是这些人伤害自己最深。

——2019 年 1 月 25 日 济南

合作的基础是要有资源，前提是共享收益。

合伙的基础是要有能力，前提是共担风险。

——2019 年 2 月 10 日 怡保

合作的目的是为了把事情做成功，股份谁多谁少其实意义都不大，只要把事情做好，谁都是成功者。学会做小股东、做配角，有时候更显优秀。

——2019 年 2 月 28 日 吉隆坡

创业难，守业更难。知道道理的多，真正明白的少。

如果企业不能传承，那么企业做多大都意义不大。所以，企业到一定程度，老板要把精力放到传承上，不要满脑子都是做大做强。

——2019 年 3 月 8 日 上海

治理是本，管理是标；治理面向未来，管理面向现在；治理是管理的基础，管理是治理的手段。遗憾的是太多的企业有管理无治理，就像无根之木，无源之水。

公司长大了，老板却没成长，还在干总经理的活儿，甚至员工的活儿，而不是去干老板该干的。

——2019 年 3 月 17 日　义乌

自认为是好人还是坏人不重要，让别人相信才重要；讲话内容和方式不重要，让别人收到并接受才重要；制度和方案是否完美不重要，能落地实施才重要；老板是否能干不重要，离开老板企业还能转才重要。

——2019 年 3 月 19 日　济南

竞争的结果是淘汰和胜出，奖励的结果是利益的得与失，竞争远比奖励更能激发潜力和提高效率，所以无论是激励团队还是激励个人，都要关注竞争法则。

——2019 年 3 月 22 日　济南

私产被保护，不被侵犯，是人有尊严、有人格、自由、淡定、沉静、从容的根本保障；也是社会安定、祥和、厚重、岁月静好的基础；更是人类文明和进步的前提……

——2019 年 3 月 27 日　大阪

公司大不过老板，老板的能量有多大，公司就有多大。

驱动企业发展的是经营理念，而经营理念就是老板做企业的动机。

伟大企业的经营理念一定是动机至善、致良知、素直心……

——2019 年 3 月 28 日　京都

如果不能传承，企业做多大都意义不大。

传承的本质是治理结构的传承，是事业的传承。

传承是交班人的问题，不是接班人的问题，因为交班人传什么，接班人就接什么。

——2019 年 4 月 5 日 石家庄

三星灯饰集团从2003年到现在已经实施了四次股权激励，把股权激励运用得炉火纯青。近几年下属子公司发展速度都超过同行业最好的企业30%，员工收入也翻了一番，中层以上零流失……真正做到了用股权驱动企业发展，实现公司战略。

——2019 年 4 月 19 日 济南

公司是老板的，则无法解释凭什么给你干，要安排到才干；公司是大家的，则无须解释凭什么给你干，大家自会去干。

合伙更多的是分担责任，而不单是分享利益；合作更多的是分享利益，而不是分担责任。

合伙合的是能力，而不是人，当能力不行时，则应退出。

所以，越来越多的企业在用股权激励推动合伙人计划落地。

——2019 年 4 月 28 日 广州